舌尖上的

中華鄉土小吃

李韜 著

說人、說吃、說做法，
道盡小吃裡的大情意

才下舌頭，卻上心頭。
今晚，我想來點飽含情意的中華特色小吃！
吃著吃著就哭了：四川小吃傷心涼粉
不只有羊會吃花：雲南小吃鮮花餅
此灌腸非波灌腸：山西小吃蕎麵灌腸
小孩子才做選擇：貴州小吃絲娃娃

崧燁文化

目錄

小吃裡的情意

安徽

北京

目錄

目錄

目錄

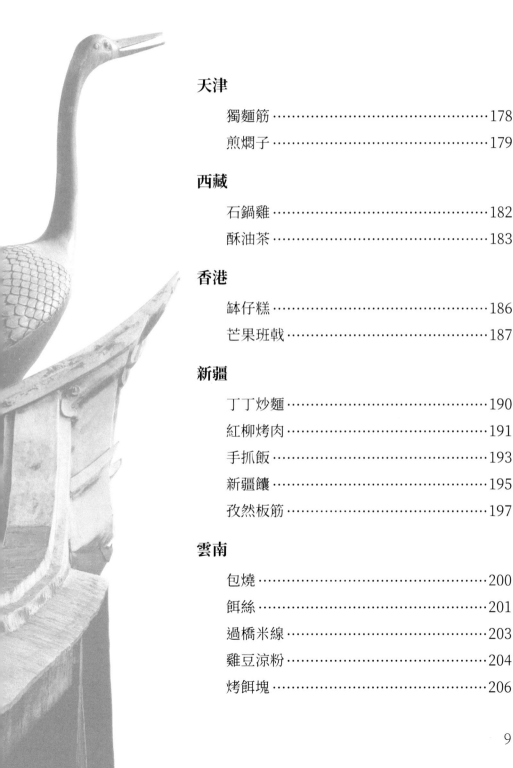

目錄

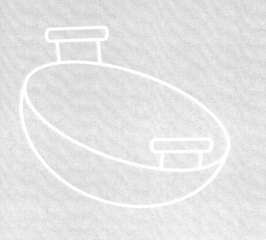

小吃裡的情意

　　我喜歡吃小吃，我想，翻開這本書的「你」也是一樣的想法。

　　為什麼喜歡小吃？因為小吃是最有情意的食物啊。我吃過不少世界美食 —— 法國的黑松露及鵝肝、義大利的帕馬火腿、德國的豬腳、日本的鮪魚、馬來西亞的咖哩蟹、西班牙的各種海鮮飯……真的是太多了，數不過來。我也吃過很多高檔的餐廳和宴席，可是這又如何？那從小被中華小吃養刁的胃，到了最後，仍然覺得那一碗麵條、那一個包子、那一片餌塊是最好吃的。為什麼這麼說？因為小吃之所以稱為「小」，是因為它不用奢侈的食材，也沒有豪華的呈現空間，更不需要儀式感很重的服務，它就是直接的、質樸的、本然的跳脫出來，被你喜歡或者不喜歡。

小吃裡的情意

　　然而，小吃從另外一方面說又是不「小」的。我曾經在四川，看到年紀大的阿婆準備一種當地的小吃 —— 凍糕。主料不複雜，就是稻米和糯米；製作過程也不複雜，兩種米粉為漿，適當發酵，然後加上糖蒸製即可。給我印象最深的是蒸製時包著凍糕的玉米葉皮。玉米苞葉要在上一年的秋季就收穫整理，清洗乾淨，然而又不能發霉，裁成長方條放在陰涼通風的地方保存好。而做凍糕傳統上是春節後，要把乾的玉米苞葉找出來，認真的檢查，然後浸泡在熱水裡去除苦澀，才能使用。這離準備的時間已經過去了幾個月！為了做這道小吃，他們可以花這麼長時間的心思，這就是心意啊！

　　仔細想想，哪一種小吃不是如此費心？而小吃之所以歷經百年、千年可以流傳下來的，靠的不也就是這一份濃濃的情意嗎？

　　我愛小吃，因為我吃到小吃的時候，總能感受出它背後的歡樂、哀傷、安靜甚至迷亂，讓我真切的感受這紅塵裡眾生的情愫。

安徽

安徽

安徽大救駕

中國有句老話:「一人得道,雞犬升天」,其實也不光是雞犬,跟著出名的還有吃食。不過就算是皇帝,也得分人,有的皇帝就挺倒楣的。皇帝也是人,一旦虎落平陽,餓得昏了頭,能吃什麼都是大救駕。所以中國食品裡叫「大救駕」的不止一種。雲南騰沖有個著名的小吃也叫「大救駕」,實際就是炒餌塊,救了南明小皇帝一命,仍然救不了南明王朝。

咱們別對一個小吃抱以救國的厚望,但是瘦死的駱駝比馬大,給皇帝吃的,也差不到哪去,起碼也是地方名吃。今天說的「大救駕」是安徽壽縣的,救的皇帝也還爭氣,據說是宋太祖趙匡胤。

公元 956 年,後周世宗征淮南,命趙匡胤攻壽縣。當時趙匡胤還是後周的大將,結果久攻不下,戰事慘烈,歷九個月有餘。當趙匡胤最終攻入壽縣城,不由長舒一口氣。這底氣一洩,加上連日焦急水米未進,趙匡胤昏死過去。壽縣有個廚師,用水、油、糖和麵,再用白糖、豬油、核桃仁、金桔餅、青紅絲等剁碎做餡,然後入滾油炸熟。炸好的點心外皮呈螺旋狀,金黃酥脆,看著就那麼誘人。趙匡胤聞見香氣,不由睜開眼睛吃了一口,結果吃了一口吃一個,吃了一個吃兩個,一連吃了十幾個,然後大病痊癒,之後接連打了幾個勝仗,以至於功高蓋主,野心膨脹,終於陳橋兵變,黃袍加身,成為一代霸主。

所以,別小看一個小吃。《一個饅頭的血案》那是編的故事,但是壽

縣大救駕的功力那可是不可小覷。我已經看到有「專家」研究潘金蓮挑窗桿對歷史的推動作用，說是這一個偶然的桿必然地砸到了西門慶的頭上，因而才有了後面一系列的歷史動蕩，甚至影響了宋朝的歷史格局進而影響中國。我覺得，一個木頭桿都有這般大的威力，這壽縣大救駕那還得了，起碼改變了我的胃的部分格局。

安徽醬豆

我仗著母親是安徽人，吃過幾兩苔菜，便經常「折磨」原來的安徽同事。她們是淮南人，本來對渦陽產的苔菜也不熟悉，我便經常笑她們不是安徽人。

不是不報，時候未到。一次她們回家，來的時候專門帶了老家的特產「香辣醬豆」，給我吃，我覺得像是裹了辣椒醬的水豆豉，遭到一片譏笑。我便也面上訕訕，給她個機會讓她給我做培訓。

這醬豆很家常，聽著做起來也不難：一定要選顆粒飽滿的黃豆，然後

安徽

挑市面上最紅最辣的乾辣椒，碾成細粉，越細越好。其他還要準備花椒粉、大蒜、五香粉、鹽，還要煉點油。先把黃豆洗個三五遍，用溫水浸泡五六個小時，撈去鐵豆子，剩下的等泡膨脹了，搓去豆子皮。然後把去皮黃豆放在鍋裡使勁煮，煮到一捏豆子就碎了才行。撈出豆子瀝乾水，再放到蒸籠裡蒸。這時我打斷她：「你們安徽人跟黃豆有仇呀，這麼整治人家。」被打了一頓，我老實了，接著聽。蒸好的豆子要趁熱放在乾淨壇子裡，放在陰涼地裡等它長毛。一般三五天，豆子表面都是白毛，這時候再把豆子掏出來放到乾淨的盆裡，把煉好的油、花椒粉、大蒜末、五香粉、鹽和豆子拌勻，直到每個豆粒都裹勻了，醬豆就做成了。

同事接著問：「知道醬豆什麼味兒嗎？」我掙扎著說：「知道。說不出來的一種香，辣的可過癮啦。可是又不是乾辣，可香啦。呃，就是有點鹹。」「你怎麼知道的？」同事突然反應過來，看著已經空了半瓶的醬豆，瞪我的時候我還對她翻白眼。她也不生氣，就是啊，誰吃了兩碗米飯、半瓶醬豆不撐得翻白眼啊？

安徽牛肉湯

淮南牛肉湯，還是淮南那些菜市場裡的小店做得最好。這就是小吃，帶著鄉土氣，然而就是這種鄉土氣，是有根基的，支撐它們在民間活了上百年。不相信你問一個淮南人，離開家你最想念什麼？十個裡面有八個說是牛肉湯。

牛肉湯哪裡還沒有啊？淮南的還就是不一樣。淮南顧名思義，在淮河南岸，這就先占了自古富庶的先機。而淮南當地古溝一帶是回民聚居區，牛肉首先保證了是優質牛肉。「唱戲的腔，做菜的湯」，老話都是真理。淮南牛肉湯要先用牛骨頭熬它個湯清

味濃，然後把牛肉用流水泡透血汙，再加上內臟在湯裡同煮。再用自己加工好的牛油，炸好紅辣椒，做成紅油，那絕對比我們超市裡的辣椒油味濃且香。如果僅僅是這個，也還不算特別拔尖。關鍵是配料裡還有兩樣，那真是除了淮南不可匹敵。這第一樣是粉條，淮南的粉條煮好了那真是透亮、彈性好，味道足。這第二樣是豆腐皮。豆腐是誰發明的？淮南王劉安啊。在哪發明的？淮南八公山啊。你說淮南的豆腐皮能不好嗎？

這牛肉湯吃也有講究，來客的時候，再用滾燙的牛肉湯燙粉條、豆腐皮，然後再切好牛肉片一碗上桌，一滾當三鮮，真是熱騰騰、香噴噴。也不光喝湯，還要配上特製的蔥花餅，兩面都焦脆脆的，透著濃郁的蔥香，吃口餅、喝口湯，你也就知道為什麼淮南人那麼愛他們的牛肉湯啦。

安徽

黃山燒餅

　　「肉鬆捲小姐」是我的博友，安徽人，特仗義，沒事就給我寄點安徽茶乾、黃山燒餅什麼的。這黃山燒餅把我吃上癮了，你說它怎麼就那麼脆？它又不是一盤大蘿蔔。

　　黃山燒餅好吃，因而它有另外一個大名鼎鼎的稱呼──蟹殼黃。做好的黃山燒餅外形似蟹殼，烤得焦黃像蟹黃的顏色，故而叫做「蟹殼黃」。這麼好吃的燒餅怎麼做出來的？簡單，弄張皮子弄點餡；複雜，不複雜能那麼好吃？

　　先說皮子後說餡。麵粉先用開水燙，再放點麵粉然後加上酵母，用冷水和勻，揉成團表面蓋上溼布餳它二十分鐘。等發了，會發酸，要揉點鹼麵水進去，然後揉成長條均勻成塊。再來弄餡。餡是梅乾菜豬肉的，要先把梅乾菜泡發了，剁成小末，然後把豬肥膘肉切成肉丁，加上鹽、蔥花、香油和梅乾菜末拌勻。餡包進皮裡後，按成扁圓的餅，刷上飴糖，噴點水，然後往燒好的爐壁上一貼，烤個十分鐘就做好了。

　　做好的黃山燒餅，色澤奶黃奶黃的，咬一口，皮酥脆，梅乾菜的香味特別濃，而油汁你想不往下流都不行，趕緊吃完一個，還沒咽下去，手裡又會拿起一個。

　　黃山燒餅還有一好處，不一定非要熱著吃，因為烤得很乾，放個十天半月的也不會壞，隨時吃，隨時都有好心情。

北京

北京

爆肚

爆肚，這名字挺火爆的，不過真不是用油，是用水爆的。水怎麼能爆呢？我覺得，爆肚精妙就精妙在這裡。中國菜講究「水火之變」，日本人不甘示弱，覺得日本料理也不含糊，說中國菜是火之藝術，日本菜是水之料理。

日本料理運用「水」確實是十分精妙。同一種食材的含水量的比例變化，決定了這種食材烹飪的水準和結果。我認識的一位日本料理大師，他做一道簡簡單單的烤柳葉魚，味道精妙無比。他研究柳葉魚研究了十

幾年，頭部的厚度、腹部的厚度、背部的厚度，含水量都是多少，烤的時候用什麼手法，所以你覺得很奇怪，為什麼一條魚身體上薄厚不同，在同一個火上烤出來卻每個部分味道差不多，這是日本人對水的了解。同樣的，還有日本料理中的湯，我也是很佩服。一片昆布、一塊豆腐、幾片柴魚，怎麼熬製出來的湯那麼鮮美？我的朋友說，昆布怎麼切、豆腐何時放、柴魚片在湯中涮幾秒鐘，這個都有講究，這也是日本料理的細緻之處。

可是，你讓他們做個爆肚試試！我想不是不行，是完全不行。爆肚那也是有我們自己的講究的。先說肚。這個肚是羊肚，應該讀三聲。這就對了，三聲指的是羊的胃，四聲的話指的是羊身上中間那麼好大一塊兒，大概不能算小吃，怎麼也是個類似手抓羊肉之類的名菜。然後是爆。完全用水，實際上是余，但比余講究。因為你爆的時間長，羊肚就硬了，吃起來

和嚼橡皮筋一樣；你爆的時間不夠，溫度也低，那麼羊肚不夠脆嫩。對，爆肚就吃這麼一種脆嫩勁，一口就咬斷，然而還有嚼頭。這不是一般人能掌握的手底功夫。

爆好了肚，還得有沾醬。主要是芝麻醬，調開了，再加上香菜末、醬豆腐汁、醬油、蔥花、辣椒油，齊了沒？沒，告訴您一個祕訣，必須弄點滷蝦油，少了這個，您怎麼吃怎麼覺得少點什麼味。

炒疙瘩

炒疙瘩是老北京極簡單但又味道好、能當飯的小吃。

說起來簡單，但是炒疙瘩的歷史挺長。民國初年，北京宣武區虎坊橋東北的臧家橋，開了一家名叫廣福館的麵食鋪，店主姓穆，只有母女倆人，供應麵食均為低廉品種。一天幾位常客對母女倆說：「麵條都吃膩了，能否改一個吃法？」母女倆照顧客要求，將麵揪成疙瘩煮熟後撈出拌蝦醬吃，覺得不夠味，又炒著吃，味道果然不同。炒疙瘩由此初步形成。此後母女倆精心製作，並在配料上進行改進，終於使炒疙瘩名聲大振。

北京

現在做炒疙瘩，都用上等麵粉，加水和勻，揉成麵團切開，麵要硬一些，這樣煮好了吃的時候才有勁。把麵團搓成直徑為黃豆粗的長條後，再用手揪成黃豆般大小的圓疙瘩，倒入沸水中煮，開鍋後點一次水，要時常攪拌防止沾黏。煮熟後隨即撈出，放入涼水中浸泡。

把菠菜、胡蘿蔔、五花肉等切成小丁，入油鍋，加上蔥、薑、蒜炒出香味後放醬油，然後加入麵疙瘩繼續翻炒，起鍋前加鹽和青蒜段即可。炒疙瘩菜和麵的比例一般是 2：3。

以前的炒疙瘩講究的是選用牛肉，也不是切丁而是切絲，再根據不同季節配上蒜黃、菠菜、黃瓜丁、青豆等同炒，出鍋裝盤。雖然不是貴重的吃食，可是黃綠相間，疙瘩油潤，香氣撲鼻，亦菜亦飯。我覺得挺適合自己開伙的上班族。

豆汁

豆汁不是豆漿，但是第一次聽說的人往往弄混。我有個朋友是安徽人，在北京工作多年，有次我們約在某個小店聊天，我要了門釘肉餅和豆汁，他要的是滷煮火燒，聽我一點菜，他馬上接一句：「給我也來一碗！」。我還挺奇怪，豆汁他也能喝？結果豆汁一上來，我滋溜溜地喝了好幾口，他也端起來就喝，喝了一口狐疑地看著我。見我沒什麼反應，他一扭頭衝著店家喊：「老闆，你的豆漿餿了！」

別說，豆汁還真是有點餿味的，通俗點說，一股臭腳丫子味。這和豆汁的製作方式有關係。豆汁是用綠豆粉條的餘料發酵而成的，你說能不酸臭？煮好的豆汁，不稀不稠，顏色灰綠，老遠都透著一股酸臭味。可是好這一口的，那也是老遠就眼巴巴瞅著，嘴裡流著口水。

喝豆汁，一定要配辣鹹菜絲，一般要配焦圈。鹹菜絲我看著好像是加了辣椒用醬醃的芥菜疙瘩，焦圈實際上是炸成小圈狀的饊子。焦圈可以直接吃，也可以搓碎了放在豆汁裡一起吃。這種搭配是經過幾百年的實踐驗證的，應該是最佳組合。

《城南舊事》的作者、女作家林海音從臺灣來這訪友，專門要求要喝小時候常喝的豆汁。老太太一口氣喝了三碗，歇口氣，琢磨琢磨，又喝了三碗，不僅她自己不好意思了，連負責接待的作家鄧友梅心裡都碎念著：這樣喝下去，不會把老太太喝壞了吧？由此趣事，可見豆汁的魅力。

所以不管你愛喝不愛喝，到了北京，只要你沒喝過豆汁，我都建議您來一碗，也許這才是真實的老北京。

北京

卷果

　　卷果是老北京的小吃，也是一種清真小吃。不過我覺得這個果應該是「餜」，因為北方還有安徽等地常把油炸的麵食小點心叫做「餜子」。

　　卷果分為甜鹹兩種，常見的是糖卷果。我自己經常吃的也是糖卷果。因為我是一個培訓師，經常講大課，一天一講五六個小時，最擔心氣虛，而糖卷果的主料是山藥，補氣佳品也。做糖卷果，把山藥去皮剁碎，另外把大棗去核，青梅、核桃仁、花生、瓜子仁切碎，拌勻後摻上一些麵粉，加水攪拌均勻，包裹在溼潤的油豆皮中，用溼澱粉把口封好，上籠蒸透；準備消毒過的乾淨豆包布一塊，將蒸得的原料趁熱置於布上，捏成三角狀長條，涼後切成小手指厚般的塊，入七成熱的油鍋，炸成焦黃色時撈出；另用鍋加油、水、桂花醬、飴糖，小火炒至黏稠，將炸得的卷果倒入，裹上糖汁，撒上白芝麻就可以了。

　　鹹的卷果，是用牛、羊肉做餡，加上蔥、薑、鹽和澱粉攪拌好，做成長條形，用文火炸成。

　　卷果是真正的藥膳。糖卷果裡的山藥，補而不滯，不熱不燥，能補脾氣而益胃陰，是傳統的抗衰老佳品；而大棗是維他命C之王，可以補虛益氣、養血安神、健脾和胃；鹹卷果裡的羊肉，能暖中補虛、補中益氣、開胃健身、益腎氣、養膽明目。所以，常吃卷果，是最好的養生方式之一。

滷煮火燒

以自己獨特的飲食來說，北京小吃沒有江南點心那般花紅柳綠、溫婉香甜；沒有新疆風味那般充滿異域風情，到處散發著孜然特殊的香氣；也不像雲南美食那般充滿自然的馨香，原料多種多樣。然而，北京的小吃就是北京的小吃，除了北京，不可能再有這樣的食物出現，讓人一看到它們，就明白這種食物出生的地方叫做京城。

在北京的眾多風味飲食裡，我比較喜歡艾窩窩、豌豆黃、肉末燒餅、豆汁、薑汁排叉、卷果，當然還有滷煮火燒。做滷煮應該是北方人的擅長，因為要用豬的一些內臟。用北方味重的方法做出來，不僅沒有食材異

味，反而很能激發其特有的香氣。

做滷煮不是一件簡單的事情，尤其要注意不同原料的滷煮時間。第一遍要用涼水煮原料，以去除雜質，這時要先放豬肺，然後按順序放豬腸、豬肚，燒沸後，才放入豬肝、豬心，微火燒煮二十分鐘後，要先撈出肝、心，再過一小時，再撈出肺，再過半小時，才撈出腸和肚，之後去油，重新下鍋煮半小時，當能用竹筷扎進時，同時撈出。然後還要入味，要用蔥、蒜、薑、醬油、腐乳、豆豉、八角、花椒、鹽等材料再煮，燒沸後還要放料酒接著去腥。直到煮得紅潤油亮，湯色偏黑，香氣撲湧時才算完成。有客人來了，就把餶飿麵火燒切好塊，和炸豆腐放在滷煮中一起煮入味，然後撈出盛在碗裡，再把豬腸、豬肺等撈出切成菱形塊，一起放入碗裡然後用沸的滷湯一澆，撒上蔥絲，喜歡酸辣口味的客人自己澆上陳醋和辣椒油。本來是餘料的東西，卻能香飄四方，引得路人紛紛駐足。

北京

麻豆腐

我還非常喜歡的北京的一樣吃食是麻豆腐。

麻豆腐也是製粉絲的餘料，也就是溼綠豆渣，只是不像豆汁兒那樣需要發酵。炒麻豆腐要用羊油，而且還要羊尾油。正宗的麻豆腐的四種必備原料就是羊尾油、雪裡紅、黃醬、青韭。炒麻豆腐，用羊尾油是為了增加油香，加一些雪裡紅是為了讓炒出的麻豆腐有筋骨，為了提鹹味和增加豆香氣，要加黃醬一起炒。炒得之後，用勺子在麻豆腐中間打個窩，中間澆入滾燙的、炸好的辣椒油，周圍則要撒上青韭。青韭比普通韭菜細，蔥芯綠，用刀一切滿屋子都會飄著韭菜的香氣，最重要的是燙熟之後沒有老韭菜的臭味。現在不好找了，有的用嫩青豆代替也是不錯的選擇。

炒好的麻豆腐，四周浸出一汪黃色的油來，麻豆腐顏色灰綠，微酸帶甜，麻辣清香，很是開胃。

麻豆腐雅俗共賞，普通百姓愛吃，有錢人也愛吃，很多人吃得上癮，梨園界名角大腕，也都好吃這一口。著名京劇大師馬連良先生就是其中的一個，而且還善於製作麻豆腐。梅蘭芳先生的夫人福芝芳女士也愛吃炒麻豆腐，每至冬季，馬先生常把炒好的麻豆腐親自送到梅家，通常是用一個大白手絹提著盆，一進院就喊：「大嫂，我給您送您愛吃的炒麻豆腐來了。」梅夫人也要到院內迎接，並說：「讓您『費心』了，三哥。」「費心」二字，說得很有分寸，因為麻豆本身很便宜，如果說「破費」就不恰當，說「費心」就更能見到馬先生的良苦用心。

門釘肉餅

　　大家都見過門釘吧？古城城門上常見。別小看門釘，據說門釘源自墨子所說的「涿弋」，長二寸，見一寸，即釘入門板一寸左右。當初用來提防敵人用火攻城，所以在涿弋上塗滿了泥，起防火作用。除此之外，到了後來，門釘主要是表現等級之用。清朝時，省級衙門的門釘是七橫七縱，親王府的大門門釘是七橫九縱，而能使用至陽之數、九橫九縱的，只有皇宮的大門和孔廟的大門。從這一點也能看出孔聖人的歷史地位。

　　說了半天門釘，其實是為了說肉

餅。門釘肉餅，顧名思義，是形狀和門釘類似的餡餅。門釘肉餅是牛肉餡，製作講究。咱們先和麵，要用開水燙麵團然後揉勻，蓋上溼布放在一邊餳兩個小時左右。然後做餡，將牛肉餡加上鹽、生抽、料酒、香油、白砂糖、油、豆蔻粉、花椒粉，然後順著一個方向攪打上勁，加入剁碎的蔥和生薑末，繼續攪拌均勻，最後在表面撒上切碎的大蔥末。餳好的麵團揉成長條切小塊，用擀麵棍擀成圓片，放入一大勺餡料，包好壓扁，成為直徑五六公分、高兩三公分的圓餅。餅鐺中倒入適量油，燒至六七成熱時，將肉餅放入鍋中，加蓋慢火煎。一面煎黃後，翻至另外一面繼續煎至金黃即可出鍋。

　　別小看門釘肉餅，連慈禧那個吃慣了山珍海味的老妖婆都好這一口。煎好的門釘肉餅泛著油光，熱氣騰騰的特別誘人。倒是應該趁熱吃，冷了裡面的牛油凝固了，口感就差很多了。不過您可別一大口咬下去，湯汁

北京

迸射出來絕對能把你的皮膚弄個二級
燒傷。學我，先咬個小口，把醋湯子
倒進去，吹吹，再大口吃。

麵茶

　　老北京有種吃食，是用糜子麵做
的。糜子麵我們山西人很熟悉，我們
愛吃的山西炸糕用的就是糜子麵。東
北的黏豆包，皮用的也是糜子麵。

　　糜子的歷史很悠久，它在古代叫
做黍或者稷。別看它形狀和小米很
像，不過做成食物後非常黏，我們小
的時候也用它和稻米做成二米飯吃。

　　說了半天糜子，這老北京用糜子
麵做的小吃是麵茶。麵茶不是茶，只
是做好後顏色遠遠看著像是茶湯，又
是用麵做的，所以叫麵茶。做麵茶要
把糜子麵加上水，調成稀糊狀。鍋中

倒入水,燒沸後,倒入調好的糜子麵糊。再次煮沸後,轉小火,煮約十五分鐘,期間需不斷攪拌。煮至自己喜歡的稀稠度,關火。把花椒、芝麻和鹽放入鍋中,乾焙出香味,取出,用擀麵棍擀碎。拌好芝麻醬,不要太稠。把糜子麵糊盛入碗中,在表面倒上一層芝麻醬,再撒上芝麻椒鹽,就可以吃了。

聽說以前也有吃甜口的,用桂花熬麥芽糖澆在糜子麵糊上,今天已經基本看不到這種做法了。

吃麵茶講究的老北京人,不用筷子不用勺,碗略傾斜,嘴沿著碗邊一吸溜,嘴裡自然有一口麻醬一口麵糊,喝完了,碗裡一乾二淨。我曾經試過,前幾口可以,後幾口都巴在碗底。我覺得不是我的問題,是現在的麵茶已經和那時候不一樣了。我也聽見有人說老北京麵茶裡要放牛骨髓油的,我估計不是,是把老北京油茶炒麵和麵茶弄混了。

奶捲

《明宮史》云:「凡遇雪,則暖室賞梅,吃乳皮,乳窩捲。」這「乳窩捲」指的就是奶捲。單奶捲是用牛奶結成皮子,捲上自己喜歡口味的深色內餡兒;鴛鴦奶捲是一邊捲山楂糕一邊捲芝麻白糖餡兒。

也許是受了《明宮史》的影響,我總覺得吃奶捲是件雅事。最好就是下雪天,屋內生著火盆,瓶裡插一枝紅梅,一邊賞雪看梅花,一邊端出外皮勝雪、餡心甜美的奶捲,那真是人生裡一件樂事。

做奶捲其實也不算複雜。現在都用米酒來做凝固劑。把酒釀放在溫度

北京

稍高一些的地方放一天，酒釀會略微發酸，酒精度會上升。把酒釀倒入鋪有籠布的容器上，將籠布提起攬緊，盡量多的擠出酒釀汁備用。牛奶中加入白糖，倒入不鏽鋼鍋中小火加熱至四周有細微氣泡，即將酒釀汁倒入牛奶中繼續攪拌加熱。一會兒牛奶中會出現絮狀物，繼續攪拌加熱，會發現棉絮狀的牛奶越來越凝固，漂浮在表層，此時可以關火。將絮狀物撈出，剩下的為乳清水，可以直接飲用，也是傳統的強壯劑。將絮狀物過濾，瀝乾水分，然後用手抓揉絮狀物，使其變成相對緊實和細膩的奶團。將奶團用保鮮膜包裹，用擀麵棍將其擀成長方形奶片，切去不規則的邊角，成為標準的長方形，厚約一公分。去掉保鮮膜，取一些紅豆沙餡，用表面刷過薄油的擀麵棍將其擀成大小近似的長方形薄片，厚也為一公分。把豆沙餡放在奶皮上，再用擀麵棍略為擀壓一下。將奶皮從邊緣慢慢捲起，直到成為一個圓柱體。用鋒利的薄片刀，每隔一公分切片，即成奶捲。

做奶捲一定要選用全脂牛奶，那是因為發明奶捲的時代沒有脫脂牛奶，哈哈。

奶酪

一說到奶酪，我想很多人想到的是又臭又酸的外國奶酪。其實外國奶酪我也愛吃，居然還十分喜歡帶著鹹味的、有著藍色花紋的重口味奶酪。不過我這裡說的奶酪是中國奶酪，而且特指滿人奶酪。

為什麼這麼說？因為中國其實也有不少種奶酪，比如內蒙古的奶豆腐也是奶酪的一種，而西藏有奶渣子，也屬於奶酪。

滿人的奶酪和上面所說到的中國奶酪還有不同，因為它不是使用常見的發酵方法。其實做奶酪，和做奶捲的前期很類似。據傳老字號「奶酪魏」的辦法是：牛奶燒沸，加入白糖、糖桂花攪勻，放在陰涼通風處晾涼；小碗中放上炒過的瓜子仁、核桃仁和葡萄乾；將米酒慢慢地倒入晾涼的牛奶中，攪動，並迅速將牛奶舀入小碗中，每碗蓋上一塊小木板，然後，緊貼著酪桶的內壁，把碗疊起來；把燒紅的煤裝入圓桶形的鐵絲筐內，筐底墊著鐵板放在酪桶中間的空隙處，蓋上桶蓋，約烤二三十分鐘，等到奶酪冷卻後，再放入冰箱冷凍三四小時即成。「奶酪魏」有幾個桶我不知道，但是每個酪桶共有六層，每層可放十碗。

這個方法適合奶酪店，我尋思自己弄太複雜，所以我一般都去「奶酪

北京

「魏」店裡吃，順便在牛街上吃點其他好吃的。「文宇奶酪」在北京也是名氣很大，甚至成為一個旅遊景點。我倒是總逛南鑼鼓巷，不過每次那裡都是人山人海，我等得不耐煩，一般都在街口「三元梅園」解決，覺得也還不錯。

肉末燒餅

慈禧太后和光緒皇帝鬥了一輩子，終於，薑還是老的辣，年輕的光緒皇帝死在了慈禧老佛爺的前面。老佛爺這個興奮啊，宮裡檔案記著，覺也睡不著，飯也不好好吃，就吃了點鍋巴粥，別小看鍋巴，這是調理中和胃的。結果這一折騰，身體也很快不行了，興奮勁一過，沒隔一天，眼看要歸西。慈禧跟身邊人交代，我一嚥氣，就把那顆雞蛋大的夜明珠塞我嘴裡，保證屍身不朽。要我說，這決定真不英明，這不自己給自己找事嗎？果不其然，孫殿英炮轟東陵，據說也是為這顆夜明珠去的。

　　你看要是我，有那麼大嘴，我就塞個肉末燒餅。肉末燒餅是真香啊。要想做好了也不易。得先發麵，加上適量的鹹，然後搓成長條均勻切塊，做成燒餅，兩面拍滿了白芝麻，入爐子烤得焦香酥脆。

　　我當時就研究這燒餅怎麼烤成空心的，師傅還不告訴我。不告訴我怕什麼呀？我能改呀。我在麵團裡加塊油麵團，就是用油和的麵團，和水和的麵團不會黏到一塊去，烤好了，把油麵團摳出來，就是一個挺漂亮的空心燒餅。油麵團也不浪費，蘸著芝麻醬當早點吃。

　　接著做肉末。炒之前，要先調好醬。甜麵醬和乾黃醬加水調勻，各家有各家的比例，調勻後備著。好豬肉剁成末，鍋裡燒熱油，加上蔥薑末，一起炒出香味，再下切的碎碎的玉蘭片末，加上調好的醬，放上醬油、香油、糖、料酒，直到把肉煸乾，味都吸到肉末裡，肉末色澤醬奶油亮就成了。

　　吃的時候，把肉末塞滿空心燒餅，往嘴裡一送，哎喲喂，燒餅酥脆，肉末醬香十足，鹹裡帶著甜，甜裡發著鮮，油汁順著嘴角將流未流，真美。

北京

豌豆黃

豌豆黃是北京傳統小吃，味道甜美，清涼爽口，許多人都喜歡吃。按北京習俗，農曆三月初三要吃豌豆黃，因為豌豆益中氣，一方面升發陽氣，一方面為夏日能量消耗做準備。

北京傳統的豌豆黃分粗細兩種。粗豌豆黃，就是豌豆去皮直接煮成沙，加白糖凝固而成；細豌豆黃增加一道過濾，所以成品更加細膩。現在生產供應的基本都是細豌豆黃。細豌豆黃的具體做法是：用上好的白豌豆，去皮，用涼水浸泡至軟而湯水清時，入銅鍋加鹼，煮成粥狀。然後帶原湯過篩，搓擦成豌豆泥。豌豆泥放入鍋內加白糖，炒三十分鐘。炒的時候要特別注意掌握火候，不能太嫩，也不能過火。太嫩不能凝固成塊，太老凝固後會有乾裂的粗糙紋路。炒的過程中，須隨時用木板撈起做試驗，如豆泥往下淌得很慢，淌下去的豆泥不是隨即與鍋中的豆泥相融合，而是逐漸形成一個堆，再逐漸與鍋內豆泥融合，即可起鍋，倒在模子裡晾涼結塊成為豌豆黃。

上桌的豌豆黃，顏色金黃，細膩涼甜，入口即化，菱形塊上再配小金糕條兒，紅黃相襯，看著都那麼富貴吉祥。

豌豆黃其實不僅僅是北京才有，離北京很近的山西太原以前也賣，而且質地比北京的還要精細。更為美妙的是兩層豌豆糕之間還要夾上餡心，而且特別講究，不是一般常見的棗泥或紅豆沙，而是用柿餅做成的泥。可惜，後來這種豌豆黃再也看不到了。

小窩窩

我愛吃小窩窩，開始是純的栗子麵團做的，黃得有些不真實，但是乾香無渣，後來變成玉米麵粉加豆麵的，雖然也還香醇，但乾了以後吃，不僅一嘴麵還容易劃嗓子。

據說小窩窩也是慈禧愛吃的。大家該有疑問了：這麼看慈禧還挺節儉的，喜歡吃的都不貴，不就整點窩頭、鍋巴啥的？可不能這麼想，這麼想就上當了。小窩窩怎麼來的？和慈禧西逃有關。八國聯軍一進北京，發現慈禧跑了。慈禧是連夜脫逃，所以以後慈禧宮廷裡很少有蓮花葉片帶著壽桃的紋飾，她以為別人罵她「蓮葉托桃」。

這逃難，其實任何人都差不多，只是慈禧還有些隨從，還能有口吃的。這在去山西的路上，慈禧餓得不行，撩開轎簾，看見有難民蹲在牆角吃什麼東西，看起來吃得特別香。讓隨從去要了一個，隨從一看：窩窩頭，這老佛爺怎麼吃啊？慈禧說沒事，拿過去就啃，吃完了，說真好吃。後來鑾駕回京，慈禧不知道怎麼著一天又想起窩窩頭來了。讓御廚做，一連殺了三個，結果覺得還是不對味。後來御廚總管琢磨著用純栗子麵加上精白糖，做了體積小幾倍的窩窩頭奉上，戰戰兢兢地等著。慈禧一嚐：嗯，這個味不錯，就是還是沒有以前吃得那麼香甜。

現在做小窩頭，還是捨不得用栗子麵。一般是將玉米麵粉、黃豆麵、白糖按照 6：4：2 的比例調勻，加少許泡打粉，用清水和勻，和成麵團；搓成長條後切塊，做成圓錐形，用筷子從底部捅個窩，上籠蒸熟即可。

北京

炸醬麵

老北京的吃食很多，但是要說到最知名的，我估計第一個是烤鴨，第二個就是炸醬麵。

炸醬麵最重要的當然還是醬。這個醬是複合醬，就是乾黃醬和甜麵醬的混合。只用甜麵醬，沒有乾黃醬特有的香氣；只用乾黃醬，鹹味重又少了甜麵醬特有的鮮甜。當然，兩種醬的比例不同，出來的味道也不同，這是各家的祕方了。把混合醬加上清水、生抽、老抽加水調開，攪拌均勻。生抽是為了提鮮，老抽是為了上色。然後切肥豬油丁、瘦肉丁，鍋內熱油蔥薑熗鍋，下入肥豬油丁煉，當鍋內油較多，豬油丁變黃時，下入瘦豬肉丁煸炒，然後放入醬，寬油慢慢炸，炸到醬香濃郁、油汪汪變成褐黑色時即可。

然後準備麵碼，也就是和醬一起拌在麵裡吃的菜，都是生鮮菜。講究的人要準備十個麵碼，一般也就是四五個。麵碼可以用焯過水的綠豆芽、青豆、香椿芽、焯韭菜切成的段、芹菜末、萵筍片、頂花帶刺的黃瓜切細絲、心裡美蘿蔔切絲或者小水蘿蔔帶綠纓拍裂。

吃炸醬麵的時候，要準備個海碗，麵卻不要煮多，一般就是碗的三分之一。然後放上麵碼，加上醬，再淋上點陳醋，拌和勻了，吃一口麵，啃一口大蒜，喲，香！也有人口味更重，還拌點黃芥末，在暖和的地方捂一會兒，然後再拌進麵裡，吃起來竄得慌，鼻梁子發涼，眼淚直流，這就更上一個境界了。不過我覺得不管如何醋和蒜都不能省，省了，你就吃不到炸醬麵的真味了。

福建

福建

炒粿條

粿條，廣東人稱「粉」，客家人叫「粄」，是用稻米磨漿蒸製的薄片，可炒可煮可撈可拌，但以炒的最香，是風行於閩南一帶的大眾化小吃。不過臺灣人的炒粄條，要比潮州的炒粿條粗獷得多。

潮州的炒粿條很出名，首先是因為那裡出產好的粿條。粿條可能大家不熟悉，其實它還有另外一個名字，估計大家都知道，就是「河粉」。粿條品質好壞，很大程度是由粳米、水質所決定的。潮州地區的粿條很有名，是因為那裡出產的粳米、水

質，都很適合製作粿條，口感特好。其次，炒粿條考驗的是你對火力的掌握。一定要熱鍋涼油，最好等鐵鍋已經變色再倒入油，這樣可以防止黏鍋。油熱了以後，先將蒜蓉爆香，加入事先切片的牛肉炒一小會。牛肉最好用澱粉抓一下，這樣比較嫩。之後加點豆芽與韭菜翻炒，再倒入打散並用鹽調過味的雞蛋，雞蛋比較吸油，所以這時可以再加一點油，馬上將粿條倒入，猛火快速翻炒。最後加點老抽和魚露，就可以出鍋了。為什麼說考驗火功？火力不旺，沒有香噴噴的鑊氣，火力太猛，又容易巴鍋，幾分鐘內決定結果，必須速戰速決。

粿條倒也不一定非要炒著吃，潮州人還喜歡吃粿條湯。其實也不複雜，把粿條在肉湯中煮好，加上肉片等各種配料就可以吃了。在潮州，一年四季，你都可以看見賣粿條湯的小食攤。最關鍵的是，每個粿條湯攤前面，都有不少人。這你就知道，原來這種小吃，才是最有生命力的。

蚵仔煎

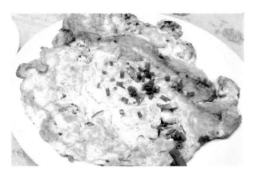

「蚵仔」是閩南語,指小的海蠣子。蚵仔煎顧名思義就是煎蚵仔,我自己覺得廈門的最好吃,臺灣也有。

臺灣民間傳說,國姓爺鄭成功收復臺灣時,占據臺灣的荷蘭軍隊曾經堅壁清野,把米糧全都藏匿起來,鄭家軍在十分缺糧的時候,只好就地取材,把臺灣特產蚵仔、地瓜粉混合加水和一和,煎成餅吃,想不到竟流傳後世,成了風靡全省的小吃。這個傳說我是不信的,首先蚵仔不是只有臺灣才有,其次福建有蚵仔煎比臺灣早得多。

不過我也承認,臺灣的蚵仔煎和廈門的不同。廈門的蚵仔煎,要把肥膘肉切成丁,大蒜或蒜苗切片,和海蠣、乾澱粉、精鹽、味精拌勻成糊,然後鍋裡最好放豬油,將海蠣糊下鍋,攤平,煎一會兒,磕上兩個鴨蛋,攤平後翻鍋再煎另一面,上面再磕兩個鴨蛋,煎熟後淋上香油即成。所以廈門的蚵仔煎,原汁原味,外酥裡嫩,油潤鮮香,非常可口。

臺灣的蚵仔煎地瓜粉的量很大,因為他們追求的不是嫩,而是「Q」,這個標準不同,則味道肯定不同。此外,臺灣的蚵仔煎更愛使用雞蛋。煎好的蚵仔煎彈性大,也比較有半透明的感覺,另外吃的時候淋上味噌,還有的擠上番茄醬。這樣的蚵仔煎就非常臺式化,只不過,我們北方人不太喜歡過分的甜不甜鹹不鹹的味道,所以我不太愛吃。

福建

蘿蔔糕

蘿蔔糕沒得說，很適合現代人食用，能夠減輕身體攝入美食過多的負擔。潮式點心的蘿蔔糕的獨特之處是裡面一定要有炒香蝦米，那種鮮美的味道讓人很難忘，一直都是我特別喜歡的鹹點心之一。

蘿蔔糕製作起來不算難，可是要想做好，那是非常難的。我看到李苦禪大師生前的訪問資料，別人問他，您書畫兼通，什麼字是最難寫的？苦禪老說，是「一」。所以越是表面看起來簡單的東西，你想把它做得完美越難，因為步驟太少，只要出一點紕漏，則滿盤皆輸。香港的美食散文家李子玉就曾經寫過她做蘿蔔糕，要嘛做得太硬，要嘛不成型，折騰了幾次，不斷總結經驗，才做得比較好了。

做蘿蔔糕要先泡稻米，然後磨成乾漿，加清水拌成稀粉糊；另把白蘿蔔洗淨，去皮，刨成細絲；準備些臘肉、臘腸，切成小丁；蝦米用油炒

香;香菜和蔥洗淨,切成末。這些都準備好了,就可以著手做了。蘿蔔絲煮至透熟,然後加入臘肉、白糖、精鹽、胡椒粉、味精拌勻,趁滾沸倒入稀漿內攪拌成為糕坯;取方盤一個,抹一層油,將糕坯倒入,表面抹平,放入蒸籠蒸製定型,然後把臘腸、蝦米撒在糕麵上,再蒸一會。關火撒香菜、蔥花,等香味起來了,出鍋放涼就可以了。

吃蘿蔔糕,我喜歡切成小塊,用平底鍋慢慢煎成兩面黃,然後弄碟海鮮醬油蘸著吃,味道好極了。

魚丸麵

關於魚丸麵,我想大部分的年輕人最熟悉的就是香港影片《麥兜的故事》裡那隻粉紅色的小豬麥兜,和校長之間關於魚丸麵的搞笑對白。麥兜是這樣折磨校長的——「麥兜:麻煩你,魚丸粗麵。」校長:「沒有粗麵。」麥兜:「是嗎?來碗魚丸河粉吧。」校長:「沒有魚丸。」麥兜:「是嗎?那牛肚粗麵吧。」校長:「沒有粗麵。」麥兜:「那要魚丸油麵吧。」校長:「沒有魚丸。」麥兜:「怎麼什麼都沒有啊?那要墨魚丸粗麵吧。」校長:「沒有粗麵。」麥兜:「又賣完了?麻煩你來碗魚丸米線。」校長:

福建

「沒有魚丸。」旁邊的小貓忍不住了，主動和麥兜解釋：「麥兜啊，他們的魚丸跟粗麵賣光了，就是所有跟魚丸和粗麵的配搭都沒有了。」麥兜：「哦！沒有那些搭配啊……麻煩你只要魚丸。」校長：「沒有魚丸。」麥兜：「那粗麵呢？」校長：「沒有粗麵。」麥兜：「什麼都沒有，開什麼店！」

我想不僅是麥兜愛吃魚丸麵，因為在中國，廣東、福建和浙江都有魚丸麵。不過形狀不同。溫州的魚丸或者魚圓其實不是圓形的，是不規則的條形，表面也不很光滑。但是廣東的魚丸是滴溜溜的圓球。

廣東魚丸麵也就是把魚丸和麵條同煮，放幾棵菜心，純粹的清湯上面再撒一把蔥花。但是魚丸的質感確實了得：魚丸要求是從一公尺的高度扔到地上回彈要超過半公尺，這樣才能彈牙。福建的魚丸麵也有不帶湯的。先把麵條和魚丸煮好，瀝乾水分，然後配上燙熟的青菜，炒好的肉末，加上醬油、魚露等調料拌著吃。這個就更加賞心悅目，魚丸雪白，麵條嫩黃，青菜碧綠，醬香濃郁，魚露鮮美，最合我的心意。

甘肅

甘肅

甘肅拉麵

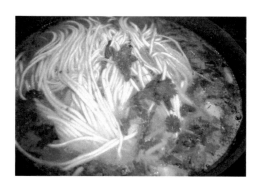

甘肅拉麵，其實很多人更願意叫「蘭州拉麵」。甘肅的拉麵味道確實獨一無二。

中國的麵食很多，愛吃拉麵的人不少。拉麵因為麵更為筋道，口感更好，所以不僅中國，我們的鄰邦也都爭相效仿。日本的拉麵也是很有名的，當然他們做了大量的日本化的改變。日本拉麵並不一定是手拉出來的，拉麵這種食物在日本現在是以假名的方式拼寫，只是直接借用了漢語「拉麵」的讀音。

日本拉麵的一般定義就是在湯水中放入麵條，所以根據湯水的不同特色，就會分成不同的風味，比如北海道札幌的拉麵是味噌風味的，福岡縣博多的拉麵是豬骨風味的，而和歌山的拉麵是豬骨醬油風味的。和歌山拉麵好吃的祕密，跟和歌山紀州湯淺是醬油發祥地有很密切的關係，正是這種醬油的鮮美滋味，帶出豬骨湯頭的濃郁香醇，造就了和歌山拉麵的迷人之處。

我們的蘭州拉麵那是貨真價實的，不搞這些噱頭。蘭州拉麵一定要拉，和坊間流行的細絲拉麵不同，傳統的蘭州拉麵我更喜歡「蕎麥棱」，類似於筷子粗細而帶點三棱形的麵條格外的筋道有嚼頭。蘭州拉麵的湯也是精心熬製，絕對不會含糊。蘭州人吃牛肉麵，先喝一口湯，便知是不是道地。熬湯時常選用草原上出產的肥嫩牛肉，加大塊牛頭骨和腿骨，再按比例加入牛肝湯和雞湯，在大鐵鍋內慢火熬煮，之後每一次都要兌上一次留下的老湯，循環往復。所以蘭

州拉麵的湯味道濃，卻能夠做到清亮澄澈。

我吃蘭州拉麵，最愛大碗寬湯，撒上香菜，放上幾勺油辣子，然後加上陳醋，「吸哩突魯」（北方話，模擬吃麵的聲音，表示吃得香而快）一碗下去，有著滿頭冒汗、滿嘴油光的真實滿足。

炸百合

百合，是百合科屬植物的球狀根。大部分人喜歡百合，應該是從喜歡百合花開始。我小的時候，沒錢買花，想買也沒地方買去。可是那時讀茹志鵑的《百合花》，感動得不得了，想想呀，天下那麼多花，有名的也多得是，人家茹志鵑就選了種百合花，肯定特純潔特美麗。後來鮮花屋滿大街都是了，才認得百合花——原來就像水晶高腳杯，還是喝白葡萄酒的那種。百合花無論白的還是粉的，辦公室裡插幾枝，那種甜香無處不在又不膩人，心裡舒暢極了。

甘肅

再後來接觸了百合的「地下組織」。我的身體血氣不華,夏天也經常手腳冰冷,老中醫們可有事做了,時常人蔘、黃耆幫我吊著,怕哪天他們一不留神,我和地藏王菩薩走了。可是我又容易上火,上了火就痰壅咳嗽,於是又時常拿百合煲蜂蜜水壓著。那時候知道了百合原來還有這功效,真是好東西。

甘肅是盛產百合的地方,甘肅百合比別的地方的百合格外的潔白和粉質大,因而我原來一直是用甘肅百合熬粥。後來看到甘肅人吃百合,覺得既藝術又技巧。甘肅人是把百合炸了吃的,而且百合不拆散,是整頭百合裹了稀麵糊,在熱油裡慢慢炸開,成為一朵朵金黃色的蓮花。當炸百合端上來的時候,我徹底被震撼了。這聖潔的金蓮花,帶著麵糊的香甜和百合粉嫩的質感,留在嘴裡一團甜美的清鮮。

傳說在伊甸園裡,撒旦變成毒蛇,誘惑亞當和夏娃吃下禁果,犯下了人類的原罪。亞當和夏娃因此被逐出伊甸園,他們因悔恨而哭泣,悲傷的淚水滴落在地面,化成潔白的百合。這炸百合把埋在地下的百合變成餐桌上盛放的金蓮,也正如它地面上那純潔芳香的百合花,從黑暗和淒美中孕育出無與倫比的美麗。

廣東

廣東

煲仔飯

中國人做飯在乎火功。我們中餐的「鼎中之變」就像煉丹一樣，把食物的酸、甜、苦、辣、鹹、鮮和老、嫩、軟、滑、脆、爽或綜合或強化，呈現了中餐無以描摹、無與倫比的美妙世界。

有了好的火功，就有那麼一種說不清道不明的「鑊氣」或者「鍋氣」，這種氣讓小吃和大酒店的同一種東西的味道區別開來，也讓這個家庭的菜味和另一個家庭的菜味區別開來。這種氣它不僅僅抓住你的胃，更深刻地融入你的血液、你的內心和你的情感

之中，所以，我們離開家以後，無論吃了多少山珍海味，都會懷念家鄉那一口小吃，家裡做菜那一種永遠無法複製的、媽媽的味道。

煲仔飯是鑊氣很濃的一道美味。以前我一直有個誤區，就是廣東菜很清淡，實際上「清淡」不等於「寡淡」，廣東菜是一種既注重食材的本色又特別在乎味道濃郁的料理體系。廣東菜裡很多都是鑊氣十足的，比如蟹肉粉絲煲，但是最濃郁的是煲仔飯。而煲仔飯裡，我最喜歡的是臘味煲仔飯。

臘味煲仔飯其實不難做，但是有幾個關鍵點。一是米。不能選黏性大的，黏性大了米粒不夠散；但是要選吸水性強的，這樣臘味的香氣才能完全吸收到米中。傳統上來說，一般選擇絲苗米，現在要加一部分泰國香米。二是臘味。一般都用臘鴨、臘肉、臘腸三種。三是要有好味的醬油澆汁。炒鍋裡熱油，放入蒜片、醬油、白糖、蠔油，沿鍋邊淋入少許冷

水，翻炒均勻就成了醬油澆汁。煲仔就是陶鍋，底部抹上一層植物油，把稻米放入煮到五成熟，然後把臘肉、臘鴨子、臘腸切片，鋪在飯的表面，蓋好蓋一直到煮熟。另外加油鹽燙熟菜心，把醬油澆汁澆到飯裡，趁熱拌勻，再把菜心放上就成了。那個香氣真的是誘人啊，到什麼程度？每次快吃完，我都恨不得縮小跳到煲仔裡去撈。

撈什麼？在你吃第一碗飯的時候，煲仔的熱氣已經幫你烤好了一層鍋巴，這是全部煲仔飯的精華啊，焦脆鹹香，帶著油滋滋的臘味油的光亮，你可千萬不要把它忘了。

腸粉

我的一位好朋友，曾經的廣東電視美食節目主持人「乖寶廚郎」愛吃腸粉。我曾經以為他是內臟控，後來被他拖著去吃，才知道腸粉不過是米製品罷了。

腸粉雖然是米製品，不過確實形狀很像豬腸子，所以在廣東叫腸粉，倒是很像雲南的一種類似的食物，不過雲南因為它是捲起來的，所以叫「捲粉」。

廣東腸粉主要有兩種：一種是布拉腸，另一種是抽屜式腸粉，是因為製作腸粉時用的工具不同。布拉腸粉是以品嚐餡料為主，腸粉漿大部分是使用糯米粉再添加無筋麵粉、粟粉和

廣東

生粉；而抽屜式腸粉主要品嚐腸粉粉質和醬汁調料，腸粉漿是純米漿做的。我自己還是最喜歡布拉腸粉。腸粉的皮很薄，白如雪，薄如紙，油光閃亮，一眼可以看到裡面包了什麼東西。澆的汁一般都是先甜後鹹，回味鮮美，所以別小看一個普通的腸粉，乖寶廚郎說一定要「夠爽、夠嫩、夠滑」，爽滑和韌勁交融，才是最好。

　　腸粉裡的餡料可以非常多元，你想吃什麼就包什麼。我常見的和我自己最愛吃的是包蝦仁或者油條，前者有相互配合的香氣，後者是質感上的對比。不過不管哪一種，都比較考驗你使筷子的功力，筷功不佳，最好吃豬腸粉，店家會給你切成小段，這樣不會露怯，哈哈。

潮州牛肉丸

　　我在藏區的時候，因為海拔高，煮的牛肉都是半生不熟的。可是我從來都認真地啃得乾乾淨淨，因為藏族老人告訴我：以前的土匪強盜，看見前面的商隊從不主動搶劫，先派一個人跟蹤觀察。觀察什麼？吃剩下的骨頭。如果上面還有很多肉渣，說明這些人身體不好，一個暗號，搶你沒商

量；如果剩下的骨頭都是乾乾淨淨，說明這些人都是身強體壯，搶劫不成可能反而被打，就不去碰他們。為了自己的安全，後來我還乾脆在骨頭上狠咬幾個牙印，朋友看了，說這下絕對沒人搶你，我正高興呢，他接著說，藏獒吃剩下的骨頭就這樣。

同樣是吃牛肉，潮州要細膩的多。潮州牛肉丸的大名恐怕沒有聽說過的人很少。我一直都很信服中國傳統小吃的功力，正是這份在平凡原料後的人文精神，認真的傳承，才讓我們的小吃流傳百年，不改初衷。

不知道是火鍋之風日盛的緣故，還是本來就是如此，吃潮州牛肉丸基本都是火鍋形式，倒比一般火鍋店乾淨而簡單。一般點了鍋底，都會含一份牛肉丸，我往往會額外再要一盤牛筋丸。牛肉丸看起來紅潤一些，牛筋丸顯得白潤。煮到鍋裡，沒過多久丸子都浮在了滾沸湯麵上，胖嘟嘟的，很可愛。又再煮了一會，覺得熟了，就撈出來盛在小碟裡。迫不及待地咬

一口，嗯，真的很彈牙，有嚼勁而又彈性十足。牛肉丸的嚼勁要來源於千錘百鍊，聽說傳統的牛肉丸要選擇水牛肉的牛霖，用潮州特有的鐵錘棒把牛肉千百次的捶打，直到變成肉糜，然後撒入適量的生粉，攪拌均勻；而牛肉丸的彈性，需要牛肉大量的持水性。所以需要將打好的肉糜加水充分拌勻並且長時間的放置，以讓牛肉吃水，並和生粉充分的融合。而牛筋丸，是選用一定量的牛筋加入其中，口感上更加堅結。

煮好的牛肉丸一般蘸沙茶醬來吃。如果單獨的吃潮州沙茶醬，會覺得甜口重，但是用牛肉丸蘸著潮州沙茶醬吃，那種潮州沙茶醬特有的甜增加了牛肉的鮮，並且讓牛肉丸充滿了含滿肉汁般的感覺，卻是絕配。

吃完牛肉丸，還可以煮些青菜和藕片，一頓潮州牛肉丸能吃出「芳蓮墜粉，疏桐吹綠」的意境，卻是有些意想不到。

廣東

粉果

　　粉果又叫娥姐粉果，據說是一位叫娥姐的女傭人發明的。最早的粉果很有廢物利用的架勢 —— 是用飯粉（即米飯曬乾後磨成的粉）作皮的，後來在上世紀 80 年代改為用無筋麵粉和生粉代替。

　　做粉果，餡料不簡單。要把瘦豬肉、熟肥豬肉、叉燒、冬菇、筍肉、蝦仁等分別切成小粒，筍片切成指甲蓋般大小的片烘乾備用。然後把這些原料都入鍋過油炒，炒得差不多了，放上料酒、香油、醬油、白胡椒粉、鹽等調味，還要加上水澱粉勾芡。飯粉皮要先蒸好，然後加入豬油使勁揉，最後分成小劑子，包上餡料。包餡料有要求，要包得滿而不實，捏成橄欖核狀。然後上鍋蒸，蒸到皮半透明，泛著油光，餡料的香氣透皮而出時，就算做好了。粉果歷史悠久，明清時期在廣東就已經廣為流行。蒸好的粉果，表面潔白略微透明，裡面餡料豐富，香氣撲鼻，鮮美鹹鮮。

　　至於為什麼叫粉果？我覺得粉比較好理解，飯粉是也。果其實應該是「粿」，也有寫做「餜」的，因為粉果的形狀並不是果子形。而「粿」，意思是以米粉為皮，內包餡料的食品。在盛產稻米的地方，往往是把稻米才看做飯的，如果一頓飯沒有吃米飯，不管吃了多少，好像總會覺得沒有吃飽，別人問你吃飯沒？你也可以大大方方地說沒有吃飯，呵呵。故而，時間長了，這些地方就發明了很多以稻米為原料，但又不是簡簡單單一碗稻米白飯的食品。能夠在享受美味的同時了解一個地方的風土人情，這就是地方小吃的魅力啊。

雞仔餅

　　廣州名餅雞仔餅,我曾經以為是雞肉餡的。後來才弄明白,是因為做好的雞仔餅形狀像小雞,色澤也是油黃的,所以才叫做「雞仔餅」。

　　雞仔餅的來歷有很多傳說,但是不管哪種傳說都說明雞仔餅其創製完全出於偶然,是歪打正著。我自己比較相信的一種是廣州某茶樓因中秋月餅庫存太多,製餅師傅把梅菜餡月餅打散,加上冰豬肉、菜心混合為餡料,用麵粉調以南乳、蒜茸、胡椒粉、五香粉和鹽,包好餡進行烤製,製作出甜中帶鹹、甘香酥脆的新品種,遂成雞仔餅。

　　現在的雞仔餅,外脆內軟,咬一口,需要仔細咀嚼,雖然很薄,可是彷彿有韌性,很有嚼頭。隨著咀嚼,香氣有種「神仙排雲出」的感覺,濃香像一股決堤的洪水奔湧而出。你要努力分辨,會發現有蒜茸的辛香、南乳的鮮香、芝麻的油香、肥肉的甘香,會有鹹味、甜味、一點點胡椒的辣味,然後這些香氣和味道又重新組合在一起,成為一種你說不出的巨大的美好的味道。等你吃完好久,嘴裡還是那股味,仍然讓你去尋味、去思索,縈繞在你的心間。

　　雞仔餅的出現是個偶然,可是豆腐、醋、酒等等無數的美食珍饌,哪個的第一次不是偶然?人類飲食文化的發展,同任何事物的發展一樣,都是必然性與偶然性的統一,任何偶然的飲食文化現象中,都包含著飲食文化發展的某些必然趨向。所以,珍惜偶然,它也許是上天為你打開的另一扇窗戶。

　　順便說一句,廣東的冰豬肉不是

廣東

冰凍豬肉，而是把肥肉用大量的白糖與適量的燒酒拌勻，醃數天而成。因肥肉醃好後呈半透明狀如同冰塊而得名。

薑撞奶

隨著年齡的增長，我對薑的熱愛越來越深。

薑是中國傳統飲食裡面人們非常樂於運用的一種食材。你去烏鎮，會看見大街小巷內經常有店家在做薑絲絞糖；你去四川，老朋友會給你拿出一碟自己泡的指薑；你去雲南，經常看見人們含著糖薑片；你去北京，能吃到我十分喜歡的北京小吃之一 —— 薑汁排叉。在北方，做一切菜裡面基本都有薑。薑是中國傳統醫學裡非常重要的一種推動氣血運行的良藥，而在國外，人們也在孜孜不倦

地研究薑。

而在珠江流域，常見的也最方便的吃薑的方法是薑撞奶。關於薑撞奶，曾有傳說，故事是這樣的 —— 很久很久以前，廣東有位老婆婆，犯了咳嗽病，兒媳婦知道薑汁可治咳嗽，但薑汁太辣，老婆婆不愛喝。兒媳婦一著急，忙中出錯，不小心把奶放進了裝有薑汁的碗裡，又不捨得扔，正為難間，突然發現牛奶在慢慢凝結，嚐了一口，不僅薑味濃郁，又不辣口，還特別順滑，特別適合老年人，送給婆婆一嚐，皆大歡喜。

廣東人也把「凝結」叫「埋」，於是「薑撞奶」也叫「薑埋奶」。但是我更喜歡叫薑撞奶，重點在於這個「撞」，帶著活力地描述了製作過程。做薑撞奶，最好用新鮮的水牛奶，出來的成品才格外的幼滑。薑汁倒是不管你用什麼方法，擠出來就行，但是一定要鮮榨，否則超過幾小時，薑汁裡面的物質一揮發，就做不成了。牛奶不能用剛開的，溫度太高，薑汁燙熟，牛奶就凝結不了，煮開了牛奶放幾十秒，大約到七八十度時，一定要毅然決然地一次倒入薑汁碗內，千萬不要拖泥帶水。倒好牛奶後，不要著急，一會兒看一下一會兒攪一下，那樣會成事不足敗事有餘，老老實實等著，幾分鐘後，薑撞奶就做好了。

廣東

擂沙湯丸和糖不甩

湯丸，就是湯圓。擂沙湯圓和一般湯圓不一樣的一個是「擂」，一個是「沙」。擂是指擂棍，用來把紅豆、黑芝麻等擂細，才會讓湯圓吃起來軟糯滑沙；沙是指大紅袍紅豆做成的豆沙為餡。也有的說法是，這個沙是指「香沙」，尤其是現在有的擂沙湯圓借鑑「驢打滾」的做法，會在外面裹一層熟黃豆粉，會使湯圓的口感層次更豐富。

湯圓在中國，遍布大江南北。不過在北方多數叫「元宵」，在南方多數才叫「湯圓」。湯圓一般是包餡，元宵一般是滾餡。滾元宵是先做好餡心，不能太軟，最好是個糖比較多的小球，然後把水磨湯圓粉準備好，放在一個大笸籮裡，然後把餡心表面過水，扔到笸籮裡來回滾，然後再過水再滾，直到大小差不多就可以煮了。煮元宵的湯會比較渾濁，不過味道也更濃郁，質感上沒有湯圓那麼黏糯，更適合北方人的口感。

南方人的擂沙湯圓，多地都有，不過上海的基本上是煮好後沾滿香沙，而廣東有的時候是油炸，炸好後再滾香沙。廣東還有一樣小吃，其實就是湯圓，不過形式略有不同，反而奇怪的是它的名字 —— 糖不甩。

糖不甩是沒有餡的湯圓，關鍵是煮熟湯圓的時候，湯中要加入大量糖，等到湯圓煮熟，湯汁收黏，沾在湯圓表面，甩也甩不掉，就做成了。現在也和擂沙湯圓一樣，撒些炒好的碎花生，則更添香氣。廣東一帶曾有傳統，男方到女方家提親，如果對方父母滿意，就會煮一碗糖不甩，男方一看，知道事情成了，因為甜蜜甩也甩不掉，故而大口吃完，甜在心裡，含笑而回。

涼拌魚皮

我們北方人做魚開始基本都是紅燒，哪怕是炸過，最後都要澆汁。像清蒸什麼的，都是後來向南方學的。因為北方少有特別新鮮的魚，即使有，土腥味一般也比較大，紅燒是最對路的。在這種做法下，怎麼會有單獨的魚皮，甚至很長一段時間，我都以為魚是剝不下來皮的。

後來年紀漸長，知道魚皮可以剝下來，最直觀的一次，是看到赫哲人的魚皮衣服，不像想像的有濃重的腥味，也沒有那麼硬。

涼拌魚皮四川也做。把魚皮氽熟，不能太老，太老了就像橡皮筋，

廣東

嚼不動了。然後用香菜根、醋、蒜末、鹽拌好，用滾油一澆就好。這樣的涼拌魚皮很鮮爽，然而說到滋味濃厚，卻是廣州的最棒。

我去廣州，特意去了陳添記，而去陳添記，就是為了吃它的涼拌魚皮。陳添記的魚皮，勝在佐料上，而佐料裡最香的是蔥油。除了蔥油，還有醬油、熟芝麻、香菜段和炸過的花生米，然後再也看不到其他的，但是拌好的魚皮確實特別的香。於是，我堅信佐料裡面一定還有其他的祕方。中國的小吃老字號好像也一般都這麼宣傳，不過，我確實也是這麼認為的。

陳添記在一個巷子裡面，並且只賣三樣東西──涼拌魚皮、艇仔粥和蒸豬腸粉。我一向相信，堅持是打磨品牌最好的手段，而正是有了這些堅持傳統的人們，我們才一代一代傳承了中國味道。

涼茶

我是溼熱體質，容易上火，又不愛吃降火藥，後來發現了廣東涼茶，基本上夏天就離不開了。

我覺得廣東人更容易上火，因為他們的湯湯水水補得太猛了。廣東人很在乎一個「猛」字，海鮮務必生猛；炒菜務必猛火，才有說不清道不明的「鑊氣」；煲湯必須先猛火，才能把原料的味道逼出來，然後至少熬足兩個鐘頭，才算比較能入口。我其實倒是比較享受廣州的湯水，每次和

好朋友吃飯，他都會給我弄點什麼五指毛桃燉雞湯啦、菜乾豬肺湯啦、龍眼香菇雞湯啦、花旗參肉汁湯啦什麼的，我都喝得好開心。不過，我發現我不僅沒有廣東人那麼強大的腎（因為他們喝滋補湯是一貫的、明確的、持續的），而且我還沒有他們那麼耐熱的胃。在廣州住了不到一周，我上火了。

堅持著和朋友去吃了順記冰室的榴槤雪糕，我食欲不振。朋友拖著我往前走，來到黃振龍涼茶攤。我知道的涼茶其實只有王老吉和和其正。王老吉幾年前味道特別濃，這幾年淡的和水一樣。和其正基本沒喝過，我就不好評價了。朋友說：「你這樣子不行，必須下猛藥。我們有黃振龍，更重要的是，我們黃振龍還有斑痧涼茶。」

我的天！我以為涼茶都是帶點甜的，都是很好喝的，都是可以下咽的，結果，不要太早下結論，斑痧涼茶，我命裡的剋星出現了。草藥大師黃振龍師父，我對你的景仰如滔滔江水連綿不絕，這一口斑痧涼茶下去，我的冤情比海深，我的仇恨比山高，真的是苦死人啊。朋友說，這個好了，喝下去相當於刮痧排毒，消暑散熱，開胃消滯……這麼好的療效，乾嘛還喝竹蔗茅根水？

但是話說回來，也正是黃振龍涼茶讓我認識到：涼茶真的不僅僅是一種飲料。第二天我就精神抖擻了，不過看到朋友又安排了桂圓龍骨湯、蟲草花燉雞腳、霸王花燉大骨、三七花燉竹絲雞、石斛燉瘦肉……我立刻去樓下最近的黃振龍買了一瓶外帶涼茶，然後覺得底氣十足。

廣東

乳鴿

孔聖人說：「食色，性也」，不錯，這也被馬斯洛用需求層次說所證實了。人的基本需求應該就是吃、吃飽、吃好飽，對應的，食物有時候會讓人有情色的感覺。紫砂壺裡有個造型叫做「西施」，我第一次看到的時候，覺得這壺的造型圓滾滾的，上面一個壺的子（壺蓋鈕），怎麼也應該像楊貴妃啊。我的老師告訴我，這不是說西施的體型，而是從側面看，這把壺像是女性豐滿的乳房，故而象形名為「西施」。

不過乳鴿和乳房沒有關係。

「乳」在這裡有兩層意思：一是小，乳鴿的體形那肯定不大；二是小鴿子在出生後到二十天之內，無法正常的吃食，要靠母鴿子把已經半消化的像乳汁一樣的食物吐哺到小鴿子嘴裡，這個時候的小鴿子真的就像吃奶的小孩子啊。所以這個時候的鴿子就叫乳鴿。廣東人會吃，首先從研究食材到底什麼時間吃最好開始。乳鴿，廣東人要吃出生後不超過十天的，所謂「妙齡乳鴿」也。

乳鴿最常見的吃法是脆皮乳鴿。將乳鴿除去內臟洗淨，然後在滷水裡浸泡。這滷水和北方的不同，我們做滷水一般都要用五香粉什麼的，廣東的滷水是白滷水，把草果、桂皮、紹酒、陳皮、香葉什麼的放入鍋內，和雞、豬棒骨一起熬高湯，熬煮融合後就是白滷水了。乳鴿在白滷水內一般都要泡一兩個小時。泡好的乳鴿，用飴糖或者蜂蜜加上白醋調成糊，塗在乳鴿皮上，掛在風涼處吹三小時，等乳鴿皮吹乾，即入生油鍋炸至金黃色

撈出，然後切塊裝盤，再擺成整隻乳
鴿形狀，盤邊加椒鹽即好。

　　脆皮乳鴿吃的時候，外皮金黃，
脆如乾紙，但是妙就妙在你咬在嘴
裡，裡面還有豐沛的汁水，像充滿各
種香美味道的洪水，迅速的沖刷你的
味蕾，讓你不由成為「焚琴煮鶴」的
饕餮之徒。

艇仔粥

　　廣州出名的不僅有湯湯水水，還
有不少粥。不過和北方的粥不同，很
少有甜的，即使有也是料很多。像北
方的粥就比較簡單，什麼綠豆粥、紅
豆粥、紫米粥……都比較直白。而廣
州的粥，我唯一一次喝的是甜的實際
上是開記的綠豆沙，真不錯，都稠得
像粥了。而且我喝到了陳皮的味道，
好像還有薑香，再加上凍得冰涼，特
別舒爽。但是真正的用米熬的粥，好
像都是鹹的。其中雅俗共賞而我又最
愛的是艇仔粥。

　　艇仔，我理解的就是小船。據說
早年廣州荔枝灣河水清澈，艇仔出

廣東

沒，船夫用現打撈的水產熬粥，也一定使用河水，謂其「活水」也。客人們也在小船上食用，故名艇仔粥。後來，艇仔粥名聲大噪，人們不能都擠在船上吃，便從艇仔上一碗一碗地遞到岸上售賣。寫到這裡，我腦海裡彷彿都能展現出這種充滿廣州風情的畫面。不過後來，河道上小船越來越少，而且河水也逐漸被汙染，這種真正的艇仔粥就消失了。不過，艇仔粥的做法卻流傳下來。

要做艇仔粥，主料是粥和草魚。廣州人叫草魚為「鯇」，在海鮮種類繁多的廣州居然地位還挺高。艇仔粥一般以新鮮的草魚片、海蜇、炒碎花生、油發魚肚、海蜇皮、油條段等為主要配料，加上蔥絲、薑末、醬油、香油等，用滾燙的粥生滾而成。廣東人熬粥，注重慢工出細活，米粒雖然還能顆顆分明，實際上早已骨酥肉爛，入口綿滑稠濃。加上魚片、蝦米的鮮、蔥花的香、薑末的暖、魚肚的韌、海蜇皮的彈、油條的潤，味道真是美妙融合。

貴州

貴州

貴州黃糕粑

貴州菜在我印象裡不成體系，而又缺乏「大菜」，但是民族風情多一些。想想，印象深且佳的就是豆腐丸子和鵝肉。此外名聲大的還有「絲娃娃」，不過是一種換了形式的捲餅，其技術含量和味道並沒有多大內涵。然後還有「花江狗肉」。可是狗肉我是不吃的，按照藏傳佛教的教義，狗和鹿皆是佛教的護法神祇，作為教徒，我畢生與這兩種食材無緣。酸湯因為是野生番茄發酵，味道太過濃烈，因而酸湯魚我吃得也不多。

貴州我最喜歡的吃食是黃糕粑。「粑」是西南區域流行的方言詞，指把米粒狀的東西弄碎後做成的餅。黃糕粑，是用糯米粉和黃豆漿，拌以沸水、紅糖，將糯米粉揉成麵團後，按箬葉的大小將麵團分割成若干小團，用箬葉（一般用兩葉「十字」狀疊放）將小麵團按四方形包嚴，再用稻草捆住箬葉，即成一個黃糕粑。黃糕粑做好後，要一層黃糕粑一層稻草的放入甑子（當地人民用來蒸飯等食物的廚具），並把甑子封嚴，熏蒸 24 小時，熏蒸時間越長，黃糕粑的顏色越鮮豔，浸入黃糕粑內箬葉特有的香味就越濃。製成的黃糕粑，顏色呈棕紅色，米香、豆香、箬葉香交融，黏糯綿軟，非常好吃。

如果黃糕粑放的時間長了，也沒有關係，可重新蒸軟後食用，但是千萬別用瓷盤盛裝，這樣水氣凝聚，影響黃糕粑的口感。最好還是蒸籠去蒸。也可將其切成片狀用菜油煎著吃或用炭火烤著吃，別有一番風味。

米豆腐

　　最早對米豆腐有印象，還是看姜文和劉曉慶主演的《芙蓉鎮》，其中劉曉慶飾演的女主角胡玉音就是賣米豆腐的。後來看古華寫的原著，那是獲了首屆茅盾文學獎的，我卻只看了個吃。這小說裡，處處都是米豆腐的身影——「芙蓉姐子！來兩碗多放剁辣椒的！」，這說明，米豆腐是辣的；「來，天氣熱，給你同志這碗寬湯的」，這說明米豆腐的味汁可以放得比較多；「谷燕山前年秋天忽然通知胡玉音，可以每圩從糧站打米廠賣給她碎米穀頭子六十斤」，這說明米豆腐還真的是用稻米做的；「每逢

趕集的前一晚，因要磨米漿，下芙蓉河挑水燒海鍋，熬成米豆腐倒在大瓦缸裡」、「胡玉音還要均勻準確地一下一下地朝旋轉著的磨眼餵石灰水泡發的米粒」，這說明米豆腐要用石灰水發米然後製成漿。總之，看了小說，心裡一直在琢磨米豆腐到底是個什麼樣，後來長大了，湖南只去過張家界，卻沒到過芙蓉鎮，於是這米豆腐始終都是心裡的一個念想。

　　誰想，竟在貴州吃到了米豆腐。

　　原來是米漿做成的條，倒不像豆腐，有點像方塊涼粉的意思，澆了辣椒油和味汁來吃。問了老闆，做法倒也和小說裡的類似。一樣的是選秈米，用濾過的石灰水浸泡幾個小時，然後用石磨磨成米漿。老闆還特意強調了一下石磨，只說用粉碎機的話做出的米豆腐不好吃。磨米漿也有講究，一定要轉速均勻，也要特別注意水的多少，以在磨的過程中能磨成緩緩流出的漿即可，水加多了，米豆腐不好成型。米漿磨好後，就放到鍋

貴州

裡煮熟，其間要不停地攪拌。煮熟後，盛出來放涼即可自然凝固。吃的時候，切成小長方塊，澆上熱的辣椒油，加上香油、蔥花、蒜泥、切得細碎的泡菜末、醬油，就可以吃了。

米豆腐因為用了適量的石灰，是有食療功效的小吃，中醫上叫做涼血，西醫叫做弱鹼性食物，可以很好地清潔血液。不過，愛吃的人，一般只會說：米豆腐的功效在於好吃和安慰一個人的胃。

絲娃娃

貴陽有種小吃，叫做絲娃娃。雖然不是人蔘果，卻也形象，裹得像個包娃娃的襁褓似的，裡面又是一絲一絲的，很是可愛。

中國的小吃大多是以口味濃郁而著稱的，比如肉末燒餅，肉末一定加醬油，色澤褐潤，香氣撲鼻；再比如擔擔麵，一定辣得過癮；還比如滷煮火燒，也一定是多加蒜泥，才能稱爽。即便清淡如廣東，也不是寡淡，老火粥加魚片，味道要足，煲仔飯鑊氣要濃。倒是以酸辣著稱的貴州，有這麼一道清爽宜人的小吃。

絲娃娃外皮潔白，銀裝素裹的感覺，一下子就讓人熄了心頭的火氣。這皮也不難做，用稻米粉加水和少許的鹽揉勻，略微放置，待得粉團水分吃透，成為欲流不流的一團，然後燒熱平底鍋，刷薄油，單手抓起麵團向鍋底杵一下略轉，讓一層米粉團黏在熱鍋底上，成為直徑大約八九公分的圓薄皮，隨之立即把圓形麵皮揭起，不能有焦點，也不能發黃。製作好的外皮，還要用熱水氣蒸一下，使餅皮回軟，便於包食。

絲娃娃另外一個吸引人的地方在於餡料實在太豐富了！我見過的有豆芽、海帶絲、金針、芹菜節、蕨菜節、黃瓜絲、胡蘿蔔絲、蔥絲、青筍絲、韭菜段、魚腥草葉、魚腥草根、黃豆、花生、醃菜、涼麵、泡菜、脆哨等等，講究一點的，有三十種之多。像蕨菜、金針之類的要用開水汆過，黃瓜、胡蘿蔔之類的直接切絲，分別裝入小盤中，隨食客依照個人喜好包入米粉外皮之內。

絲娃娃本身的外皮和餡料都沒調味，故而蘸水也很重要。一般不用油辣子，要用乾的火烤辣椒，加上醬油、醋、味精、麻油、薑末、蔥花、蒜末、花椒油等兌成汁。可以直接用絲娃娃蘸著吃，也可以舀一勺味汁澆入其中食用。

絲娃娃吃起來各種新鮮的蔬菜味道非常突出，而且一副冰清玉潔的樣子，讓人覺得身體沒有負擔，所以很受女孩子們的歡迎。不過，大男人們也可以一試，肉食吃多了，靠絲娃娃養養胃，營養又均衡又豐富，何樂而不為啊？

貴州

海南

海南

文昌雞

我第一次關注海南文昌，還真不是因為吃的。文昌，這個地名給我特別美好的感覺。我有的時候發現自己是文字控，看到普洱茶裡有一種茶叫做「昔歸」，我歡喜的不得了。因為立刻想到了「陌上花開緩緩歸」，彷彿覺得這茶有種特別的情誼。而文昌，文運昌隆，偃武修文，那一定是個傳統之風盛行的地方吧。後來才發現，文昌不僅僅是文風，颱風更厲害。

和颱風搏鬥的不僅僅是人，還有雞。所以我覺得文昌雞不僅僅是好

吃，簡直是應該景仰。別的地方能把肉雞變成散養的就不錯了，美其名曰「走地雞」，你看人家文昌雞，簡直是高爾基的《海燕》的翻版。

文昌雞之所以好吃，其實最主要的還是飲食科學，呵呵。內蒙古的雞好，因為在大草原上吃蚱蜢喝溪水，而海南的文昌雞吃榕樹籽、吃椰肉，然後在海灘上散步，偶爾還弄點小魚吃吃，補充一下魚肝油。你說這樣的雞，能不健美嗎？

文昌雞傳統的吃法，就是「白斬」。白斬實際上就是把雞放乾淨血，在滾水中汆燙，然後小火慢慢浸熟。說是熟了，其實往往只有七八成，雞肉比較硬，而骨頭裡照例滲著血。白斬雞最大的好處是好東西不在湯裡，還都在肉內。浸熟的文昌雞表面要刷茶油，弄得油光光黃滋滋的，一看就有食欲。海南人吃文昌雞，調料很特別，除了一般的薑、蒜、鹽之外，裡面要加新鮮的橘子汁，味道既特別又難忘。

椰汁飯

　　有好的文昌雞，才會有真正的「海南雞飯」，白斬文昌雞配飯也。曾經看過報導，新加坡和馬來西亞為「海南雞飯」、「福建炒麵」到底是誰發明的爭得不可開交，我覺得其實和韓國差不多，都喜歡把好東西當成自己的。問題是沒有文昌雞，還叫海南雞飯，好像有點名不副實。

　　一說到椰子，我頭腦裡首先想到的是海南，沙灘上椰風海韻，遠處是天水一色，海角天涯。海南利用椰子的方式極多，椰子殼的工藝品，扣子、念珠都很有韻味，當然，最好的方式還是吃。有捧著整個椰子喝汁的，有椰子乾，有椰蓉麻糬，最直接

海南

最好的是椰子船。

椰子船，是把糯米洗淨浸泡，取剛結滿白瓢的鮮嫩椰子，剝除外衣及硬殼，取出整個肉瓢，在頂端切開小口留蓋，倒出椰子水，將糯米填入椰盅內，再把鮮椰汁倒回去。椰子汁直接喝很甜，但是加熱後會發酸，所以還要額外放一點糖，再放一點牛奶，這樣才會更白潤。用椰蓋封口，煮熟放涼。用刀把椰盅米飯分解成若干塊兩頭尖、中間寬的船形小塊，就是椰子船了。古傳的椰子船，是放在燒石灰的窯中燜製而成的，我想更是別有趣味。

椰子在海南很被看重，因為海南潮溼炎熱，以前蛇蟲蚊蠅很多，而椰子被認為可以補益脾胃、殺蟲消疳。除了椰子船，海南還常吃椰汁飯。椰汁飯是把椰肉切碎，並加入適量的雞肉和糯米，蒸熟後食用，受東南亞華僑的影響，現在也在飯上放煎過的蝦米。這樣做好的椰汁飯，椰子香氣撲鼻，米飯晶亮瑩潤，吃起來甜中帶鹹，還有蝦米的鮮味。

除此之外，也有特別講究的人要吃海底椰的。實際上，海底椰不是椰子，而是果實像椰子的一種棕櫚。據說壯陽的功效極好，我想一般人是用不著的。我自己比較擔心的倒是上火，剩下的椰汁飯，加上銀耳煮粥，倒是很適合。

河南

河南

炒蕃薯泥

在開封，我最愛吃的小吃是炒蕃薯泥。為什麼最喜歡吃這個？因為原材料簡單，蕃薯又是好東西，最關鍵的，這個其實是很考驗廚師功力的一道小吃。如果廚師做得好，色香味俱全；如果廚師水準不到，行業裡通俗的話講叫做「慫廚子怕旺火」，那麼不僅炒不好，還很有可能巴鍋。

炒蕃薯泥據說是由河南杞縣大同飯莊廚師蔣世奇始創於民國初年，但是也有說法是宋朝宮廷特點。因為保溫性良好，在杞縣炒好快馬送入開封皇宮，仍能熱氣騰騰、甜美無比。

不管怎麼說，大家都承認炒蕃薯泥源於河南杞縣。這個杞縣其實挺有名的，就是「杞人憂天」故事發生的地方。從前在杞國（現杞縣），有一個人突然想到：「如果天是很厚的氣積聚而成，那麼太陽、月亮和星星不會掉下來嗎？」從此以後，他幾乎每天為這個問題發愁、煩惱，無論別人怎麼勸導，他仍然時常為這個不必要的問題擔憂。我倒是有點懷疑這個故事是否真的發生在這裡，因為我覺得炒好蕃薯泥比這個天要不要塌的問題複雜很多。

炒蕃薯泥當然要先整治蕃薯。把蕃薯洗淨去皮，上籠用大火蒸熟，搗碎成泥。鍋內放豬油，將蕃薯泥、白糖、糖桂花放入，加少許開水，邊炒邊用勺子攪拌。炒製的時候用中火，以免白糖受熱不均勻而糊化影響口感和色澤。等到白糖融化，白糖、糖桂花、豬油、蕃薯泥充分融合，並且不黏鍋、不黏勺時，撒入炒過的芝麻、葵花籽、核桃仁碎、青紅絲即可裝盤。

炒蕃薯泥味道很甜，顏色根據選用的蕃薯的顏色不同，有橙黃的也有紅紫的。不過味道都是甜軟綿香，令人回味。不過好東西不能多吃，炒蕃薯泥的含糖量是很高的，其實最好不放糖自己做，對身體最健康。

海三包子

去許昌，我發現了海三包子。海三是老闆的稱呼，估計姓海的老闆在家排行老三，也說明了這是清真小吃。包子其實是水煎包，當然給我第一印象特別深的是，海三包子是三角形的。而在我們北方，三角形的一般是糖餡包子，牛肉餡的起碼我沒見過。

等到這包子一上來，外皮白裡帶著韌勁，色澤鮮豔，外焦裡嫩，油亮亮的。再看水煎的那層漿底，整齊成片，焦脆金黃，這說明火功掌握的不錯。趕緊吃一口，餡的牛肉味道特別

河南

濃,調的滋味香美融合,肉質很好,說明老闆捨得用料,肉汁也很多,這一口下去,嘴裡都是鮮美的味道。

後來和店家聊天,才知道海三水煎包,始於上世紀六十年代,採用回族民間獨特的烹飪技藝,精心製作而成。因為色、香、味、形俱佳,在上個世紀八十年代曾經風靡許昌的著名商業步行街 —— 奎樓街。現在主理的師傅是海家第二代傳人海三(我果真猜得不錯),海師傅在繼承前輩傳統特色的基礎上,不斷挖掘創新,尤其在製作工藝方面取百家之長,選用的餡肉全都是優質新鮮的小肥羊、小肥牛,合理搭配,再加入各種天然調味料,外皮採用人工發麵,製成的水煎包,果真味美。三十年前就已經成為許昌地方名吃,2003 年又被評為「河南名吃」,2005 年成為「中原名小吃」,而現在已經是「中國名小吃」。

你看,真的是不能小看中國的小吃,你隨便聊聊,都能發現背後很多的歷史故事,也才更加相信,民間美食都是大隱隱於市的。

糊辣湯

　　某日，清晨，鄭州江湖小店。一位大俠出現在窗邊木桌旁，卸下腰間長劍，分開袍褂坐定。劍眉一挑，聲音渾厚地叫道：「小二，來碗糊辣湯，兩摻，帶盒子！」不多時，小二端著木托食盤上來，上面是一碗兩盤，就在放向桌面的一瞬間，周圍暗藏的殺氣波動了，小二機靈的往旁邊一讓，大俠我，醒了。

　　早早的去吃糊辣湯，未進大門，就看見人頭攢動。江湖之中臥虎藏龍，別小覷糊辣湯，此小吃打遍中原無敵手，在早餐中點擊率最高。糊辣湯顧名思義，糊乃糊狀，辣源於胡椒，湯則裡面必有其他配料。中國人的胡椒，大約在唐朝時期傳入，唐時國都位於陝西，所以我在西安也見過類似糊辣湯的吃法。而中原地區大量的食用胡椒我覺得可能還要晚很多，因為在宋代流傳甚廣的《太平惠民和劑局方》裡記載了在食物裡加入辛溫香燥藥物來疏肝醒脾，可以看出，胡椒之類仍然多被當做藥物看待。那麼我想，金元時期可能是糊辣湯的肇始。

　　金元的統治者皆為草原部族，喜食牛羊肉，要想掩蓋牛羊之味，必然要借助胡椒等香料。而隨後的王朝，明朝帝王信奉回教，清朝帝王來自關外，也喜食牛羊肉，因此糊辣湯大概得以大行其道，綿延幾百年而不衰。

　　現如今的糊辣湯，大多以羊骨頭敲碎長時間熬湯為底，之後過濾，加入粉條、麵筋、金針、木耳、羊凹腰等，還可以加海帶絲、牛肉丁、榨菜、馬鈴薯丁、丸子、白菜等等，理論上可以達到「無以復加」之境界。

河南

快熟時調入澱粉勾芡，放入胡椒粉、花生仁、花椒、茴香、醬油、精鹽調味即成。喝起來鹹香濃稠，胡椒辛辣，可以配蔥花油餅、牛肉盒子同食。也有的河南人喜歡一碗內放半碗糊辣湯、半碗豆腐腦，謂之「兩摻」。

漯河北舞渡的糊辣湯還要加30多種中藥材熬製，周口逍遙鎮的糊辣湯用洗麵筋水勾芡，開封的糊辣湯還會加點菠菜，南陽的糊辣湯要使用粉皮而不用粉條，汝州的糊辣湯還有金黃的蛋皮絲，開封的糊辣湯要配了炸好的「油饃頭」來吃，如此等等諸派，各有特色，然而總歸一個掌門，叫做「糊辣湯」是也。

燴麵

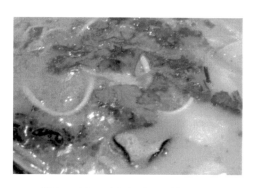

「燴」是一種在中國菜裡應用比較多的技法，一般是指把原料略炒而又有湯汁或者勾芡的方法。燴麵，和炒麵的不同也就在這裡，炒麵是沒有湯汁的，而燴麵一定有湯汁，只是多少不同而已。大部分地區的燴麵湯汁都比較少，只有河南燴麵是寬湯的。

河南燴麵是寬麵條，一般也比較厚，所以很筋道。鄭州號稱「燴麵之城」，可見燴麵在鄭州那是非常常見的一種小吃。河南是中原糧倉，面食比較出眾不在話下，不過我原來不知道，鄭州居然有那麼多的羊湯燴麵。

我以前覺得中原地區應該是不怎麼寒冷的，果真去了鄭州發現民宅裡基本沒有暖氣，而我一直以為，愛吃羊肉是我們北方民眾的習慣，但即使是我們，夏天也是不吃羊肉的，擔心上火。而鄭州，居然一年四季都吃羊肉燴麵，我很奇怪。後來發現，鄭州其實夏天比我們北方更熱，冬天比我們也暖和不到哪裡去，似乎有所理解。

鄭州燴麵倒不僅僅是羊湯，也有很多是三鮮燴麵，也有牛肉湯燴麵。鄭州最老的燴麵館可能是合記，合記也是鄭州餐飲老三記之一。合記羊肉燴麵，選用上好鮮羊肉，反覆浸泡去血水，然後下鍋煮，不斷地撇出血沫，加上大料、豆蔻、砂仁、鹽等煮到爛熟。另用精白麵粉，兌入適量鹽、鹼和成軟麵，這樣麵條筋道不容易斷裂。然後反覆揉搓，麵團才能上勁，之後擀成大圓麵片，切成寬麵條。下麵要用原汁肉湯加水，再把寬麵條抻拉一下入鍋，煮好後放上羊肉片，配以金針、木耳、粉條等。上桌時外帶香菜、辣椒油、糖蒜等小碟。去，你會發現自己原來也是品嚐燴麵的專家。

但是每個人有每個人的口味，你要問鄭州人哪裡的燴麵最好吃，你問十個人會有十個去處。不過也好，十個地方一家一家的吃。

河南

開封包子

做了十多年的酒店和餐飲，我明白了一個道理 —— 以前我們把餐飲的各個因素切割開來是極端錯誤的。這樣只適合教科書，可是我們丟失了一個非常重要的因素。通常，我們在研究一家餐飲企業的時候，會把餐廳的產品分為三個方面：（1）菜品（2）服務（3）環境。此外再加一個價格，來綜合考慮餐廳的狀況。那麼我們在解釋肯德基、星巴克的時候就會有問題。用肯德基比狗不理（即狗不理包子，天津著名小吃。）、用星巴克比照其他好一點的咖啡館，我們說，中國人愛吃的包子就一定比肯德基的

漢堡包難吃嗎？我看未必。那麼環境呢？一般咖啡館的環境也不差啊，星巴克的還簡單些，何況它的咖啡相比義大利的、法國的，還不如街頭小店。服務？肯德基、星巴克沒有什麼餐間服務嘛。價格？那是肯定貴的。可是，為什麼肯德基、星巴克在中國市場的價格能夠高，市場份額能夠大，賺的錢也多，甚至還要回頭去養國外的總公司？這就是我們忘記的那另外一個綜合性的因素 —— 體驗。曾幾何時，我們以為肯德基代表了美國速食文化，泛化開來，代表了美國文化。這就是體驗的力量。

但是，體驗這個綜合因素，它的重要性在不同檔次的品牌上會有不同。越是高檔的品牌，體驗的重要性越大。所以我說，一切奢侈品的背後，都是人類赤裸裸的欲望，只是透過品牌概念化了。但是對於日常品牌，體驗的重要性就會降低。所以當我去了開封幾家有名的包子店，我對這一點的理解就更深刻了。

這些包子店真的沒有服務啊,不過,人山人海,因為包子確實好吃。在相對粗糙的中原地區,能夠有和上海、杭州般味道類似的小籠包,你讓大家怎麼 hold 住?開封的包子確實皮薄湯汁多,咬一口鮮美的不得了。開封包子為什麼這麼好吃?也有自己的祕訣。各家製作皆有講究。包子皮用麵一般是三分之一的發麵和三分之二的死麵(用涼水和麵,會比較耐煮),但也有全部用死麵、不用發麵的,或者死麵和發麵的比例有所不同。包子打餡也要做足功夫,一直要把餡打得扯長絲而不斷。小籠包子隨吃隨蒸,從 12 個一籠到 10 個一籠不等,絕不提前蒸製。好的開封小籠包子要符合口口相傳的歌訣:「提起一綹絲,放下一薄團,皮像菊花心,餡似玫瑰瓣。」而且在開封吃包子,有個挺北方的搭配 —— 喝雞蛋湯。這個其實是蛋花湯,有點紫菜,勾個薄芡,讓我很懷念小時候吃的早餐。

你說以後遇到小吃,就是東西好吃,其他因素都沒有咋辦呢?我覺得調低自己的期望值,就去吃吧、吃吧。

河南

燜餅

　　說起老字號，大多讓人無奈。一是有的老字號產品不能與時俱進，常聽到的說法是：我們這是慈禧老佛爺喜歡的。她老人家喜歡的都是甜的膩死人、油得往下滴的菜，所以幸虧也沒活多長時間，起碼過了這一百多年了，我是不喜歡。二是有的老字號服務還是很「國營」，不論什麼臉型，一律拉成板磚狀，實在是無福消受。所以，造成老字號今天舉步維艱的局面的，大部分還得說是老字號自身的毛病。

　　我懷念老字號，我去葛記燜餅之前完全是抱有懷念的態度，鄭州的「老三記」之一嘛——合記燴麵、蔡記蒸餃、葛記燜餅。去的是葛記燜餅黃河路店，還是很喜慶的傳統雕梁門頭，一挑繡花門簾，先迎來一個管理人員，滿面堆笑，熱情招呼裡面請。一進屋，呵，這人還是真多。不習慣看桌面上壓著的菜單，服務員主動送了本菜單過來。我們點菜，絕對都是往傳統上招呼——原味燜餅、牛肉燜餅那是肯定的，再來一品醬包鴨、絲瓜麵筋湯、酸菜鴨血、香菜拌桃仁，再來一碗紅豆粥。

　　先來的是拌桃仁，桃仁量多，給的實在，食材品質很好，口味也很清淡；接著來的是麵筋，連湯帶水，絲瓜也很清香；味重的在後面。酸菜鴨血裡的酸菜味道很正，白菜絲還帶著一絲脆嫩，可是酸的恰到好處，酸裡透著香。我很喜歡醬包鴨。仍然是河南傳統的喜餅，用油炸了分成兩片，用來夾醬香濃郁的鴨肉丁，裡面還有不少松仁，香啊。

主角登場了。按照傳統的做法，燜餅是先用五花肉塊，加入各種香料，在壇子裡紅燒，然後取出加上青菜打底，再把烙好的餅切成簾子棍條，一塊燜製而成。用鄭州朋友的話就是：「你要吃葛記燜餅？那得特別餓，吃完了晚上就別吃飯了。」可見傳統的葛記燜餅是很油膩的。實際上我們吃到的葛記燜餅並不很油膩，可見店家也在按照現代人的口味進行改良。給我印象最好的是牛肉燜餅，牛肉爛而不散，香氣濃郁，餅燜的軟硬適中，口感香軟，讓我連連舉箸。

飯後一碗紅豆粥，雖然有點過甜，然而紅豆顆顆外形飽滿，裡面卻已經化開成沙，勾芡濃度合適，既有滑順的口感，又有綿沙的質感。仿若好戲結束，仍有餘音，裊裊不絕，躊躇不散。

原油肉

食物對於人類應該是種恩賜，所以對於大餐也好、小吃也好，我始終都很尊重，但是在普遍的尊重之中，味道自有高下。而從另一方面，因為嘴饞，我一直限定自己在精神層面上有較高的追求，而不是執著於「吃」。休息日，呼嘯風、黃葉地，坐車半小時，吃了一碗宋老三原油肉，才發現，好的食物帶給人的滿足，其實和精神層面上的滿足是一樣的。

我太喜歡這些味道絕佳的小館子了！那就是市井熱騰騰的、下里巴人的真誠的生活氣氛。這是在網上都很有名的一家館子，占據馬路一邊，雖然就是個比較大的窩棚，但是對面

河南

的馬路上很霸氣的豎著大招牌——「宋老三原油肉在對面」！呀，這就是氣勢。店裡還真是摩肩接踵，主要的吃食就是原油肉、羊湯燉海帶、燉麵筋和硬硬的燒餅。

羊肉是我冬天很喜歡的食材，不論山西的頭腦（山西特有小吃，在一碗麵糊上放上肥羊肉、山藥）、羊雜割（羊內臟洗淨切碎後，配上佐料及煮肉湯，加上粉條一起吃），還是四川簡陽的羊湯都是我的喜好。而說起來，清真菜確實在處理和製作羊肉上面有獨到之處，原油肉就是代表。原油肉顧名思義一定不能純瘦，最好肥瘦相間，嫩到極致、絕無腥膻，入口香氣四溢。原來在伊斯蘭兄弟那裡一般「經堂席」上都會有。經堂席是比較隆重的儀式後的集體餐飲歡聚，比如婚喪嫁娶，都是大事。

宋老三的原油肉顯得婉約了些，不夠大塊吃肉的豪邁。我自己其實更喜歡塊狀的羊肉，用了木把的小刀扎了來吃。但是宋老三的原油肉真的是我吃過的最好吃的羊肉！質感還是羊肉的質感，瘦肉不柴，嫩爽無比，肥肉化渣，絕無羊膻味，如果你閉著眼吃，絕不會猜出來是羊肉。拌上油辣椒，把硬的饃掰成塊泡在羊湯裡，夾肉、吃饃、喝湯，我停不下來，一口氣吃完，還意猶未盡。

還有好吃的。羊湯煮過的海帶絲和麵筋，都那麼入味，尤其是麵筋，吸滿了羊湯的鮮、美、濃、香，一口咬在嘴裡，味蕾都願意跟著四溢的湯汁跳舞。

吃完了只有一個結果——我吃撐了！邊起身邊想：下次還來吃。這就是好食物的力量啊。

湖北

湖北

熱乾麵

每個人到一個新的城市去旅遊，其實你看到的不過是你自己的另一面。為什麼這麼說？因為你不過選擇你感興趣的元素罷了，但是這些元素往往不能代表一個城市的真實特質，因為太少太直接，所以每個人和其他人看到的同一個城市卻並不相同。我早期的旅行，真的是因為「讀萬卷書，行千里路」的老話，以為自己會發現不同的世界。但是後來，我才發現旅行不過是換個地方發現另一個自己。

我喜歡武漢。但同樣只是過客，所以在我心目中，武漢也是幾個元素。說到武漢第一個想到的，是曾經的晉商重鎮。大學時代因為帶我們檔案學的教授同時教研究生們明清商業史，主要研究方向是晉商，在她的薰陶下，我狂熱地迷戀過晉商研究。而你知道，大學時代往往對一個人的思維影響深遠。武漢三鎮曾經是晉商在清朝時的重要中轉樞紐，這個印象在我心中不可磨滅。

其次是黃鶴樓。這千古名樓和膾炙人口的詩篇大概是每個孩子教育中不可缺少的一點，因而我也印象深刻。不過，故人已辭黃鶴去，我最在乎的元素也許變成了武漢的早餐。

武漢的早餐怎麼那麼多品種？！簡直有點「令人髮指」。廣州的早茶品種也多，但是往往給人虛張聲勢之感，並且口味向南方化一邊倒。武漢的早餐種類只會比廣州多不會少，並且南北兼顧，最關鍵的，有著質樸的、濃烈的生活氣息。

不能光說早餐，咱說說武漢第一麵——絕對的熱乾麵。顧名思義，一個要熱，一個不能帶湯，而且是麵，那肯定只能拌了。所以把細圓拉麵煮熟撈出瀝乾，放在碗裡。然後取一小碗，放上辣椒末、蔥花末、薑末、蒜末、醬油，再加上花生醬、芝麻醬，然後用熱滾油一澆，拌在麵條裡拌勻即可。想吃酸口的，加點酸豆角末。熱騰騰的，香氣足，麵條油滑，吃一碗麵好像吃了很多東西似的。

原來武漢人吃熱乾麵，首先都推蔡林記。武漢人把吃早餐叫做「過早」，既不是很誇張的「早飯」，也不是小家子氣的「早點」，就是這麼很認真地過生活、過早上，還真是很形象。過早的東西很多，最出名的是老通城的豆皮、小桃園的煨湯、四季美的湯包和蔡林記的熱乾麵。

蔡林記的熱乾麵，創立於 1930 年，店家肯放料，麵條晶瑩，香氣撲鼻。老店 1993 年因為武漢城區改造已經不復存在，後來和別人合併又掛出了蔡林記的招牌。現在蔡林記的熱乾麵品種不少，還有蝦仁熱乾麵、雪菜肉絲熱乾麵、炸醬熱乾麵、三鮮熱乾麵、滋補熱乾麵等不同的花色。

其實不管怎麼變，熱乾麵都已經成為武漢早點的象徵之一，沒有熱乾麵，就不是武漢，也不是熱騰騰、五味雜陳的生活。

湖北

魚糕

　　魚糕是荊州的最好，特別嫩特別白。吃魚不見魚，魚含肉味，肉有魚香，清香滑嫩，入口即融。夾起來一片，嫩嫩滑滑，顫顫巍巍，再配上金黃色的蛋皮，就會立刻想起一句廣告詞——再看我，再看我就把你吃掉。

　　荊州，就是劉備借荊州的那個荊州，又是大意失荊州的那個荊州，不過荊州魚糕和劉備可沒什麼關係。魚糕的歷史可是悠久的多。魚糕據說是女英發明的。相傳舜帝帶二妃娥皇、女英南巡，結果到了荊州，娥皇染病，喉嚨腫痛，想吃魚肉，又厭煩吐刺。女英選當地之魚，加上蓮子

粉和肉，做成魚糕，娥皇吃後，大讚其味，病好大半。不過，舜帝勤於政務，未待娥皇痊癒，即先行離開，後來不幸在南巡途中病故，二妃後至，淚灑斑竹，滴滴如血，是為湘妃竹。

　　不說湘妃竹，且說魚糕，一樣是真情所化。要做魚糕，要把青魚去皮，沿主骨取片，剁成茸。剁茸的時候不能用刀刃，必須用刀背，也急不得，要剁的力度均勻，否則不是綿軟，而是彈牙了。魚茸剁好後，加上蛋清攪拌，不要太快，上勁太足也容易影響口感。然後分幾次加上薑水，直到攪拌成稠粥狀，再加上蔥白末、肥豬肉丁、澱粉、鹽攪勻。這時要燒蒸鍋，鋪上溼紗布，將魚茸倒上抹平，蒸到定型時，打開鍋蓋，用乾淨毛巾蘸掉魚糕表面水分，將雞蛋黃均勻抹在表面，再蒸幾分鐘即可。然後等冷了，把魚糕取出，切成長方片即可。

　　魚糕因為已經熟了，怎麼吃都行。不過我最喜歡吃魚糕湯。這樣魚

糕的鮮美也能融到湯裡，而加上湯
水滋潤，魚糕也就更嫩，喝一碗魚
糕湯，保證能讓人從裡到外都那麼服
服貼貼。

湖北

湖南

湖南

臭乾子

臭乾子是我吃湘鄂菜的必點菜。喜歡長沙火宮殿裡油炸臭乾子那義無反顧的臭，帶著熱氣、轟轟烈烈，自有「逐臭之夫」如我大快朵頤。連毛澤東吃過了，都說：「火宮殿的臭豆腐，還是好吃」。這一句話「文革」時被懂事的人寫在了火宮殿的牆上，這才讓這一口香臭能綿延下來。

臭乾子的臭來源於豆腐發酵。所以這種臭，不是其他的異味而是發酵的味道。但是臭乾子的發酵和北京臭豆腐還不同，它是水豆腐菌絲發酵，相當於雲南毛豆腐或者日本納豆那種。所以臭乾子的臭不是來自於外部

而一定是從內至外的。聽說不良之人弄些臭汁，塗在豆腐塊上也混充臭乾子，那是另外一回事了。

臭乾子入鍋炸之前，確實也要浸汁。這個汁也有一點臭味，因為是醃芥菜等的汁水，加上豆豉、香菇、冬筍、蝦皮，先用武火燒沸再用文火熬煮出味，然後過濾，加上紹酒，還有以前剩的老滷的底子，放在乾淨的陶缸裡蓋好蓋，發酵幾個月，再出來的就是黑中泛綠的臭香滷了。然後把發酵好的豆腐切成小塊，泡在滷水裡半個月，就可以油炸了。炸好的臭乾子要鑽小孔，把油辣子、香油、醬油滴進去，這樣吃的時候味才更足，臭乾子才會外面芳香鬆脆，裡面綿軟辣爽。

可惜今天做的臭乾子，一般都個頭太小，蘸料也是撒在盤子周圍，等你自己去蘸，所以嚼在嘴裡雖然尚且酥脆有加，可是感覺就像隔靴搔癢那麼不過癮。

湖南米粉

中國南方大部分省區盛產水稻，所以人們也喜食稻米。不過什麼東西吃得久了，都琢磨著換個花樣。北方的白麵，弄成饅頭、麵條、包子、餃子、餅子；南方就把稻米弄成米糕、河粉、粉果什麼的。不過最常見的，是用稻米粉做的麵條，頗有向北方叫板的氣勢 —— 你看，我們不種麥子，也能做麵條。這稻米粉做的麵條，湖南、廣西大多叫米粉，雲南、貴州大多叫米線，廣東弄成扁的，叫河粉。

我也不知道名稱為什麼不一樣，但我能看出來大家的關注重點不一樣。湖南、廣西覺得這米做的麵條像粉條，質地也差不多，所以叫米粉；雲南、貴州覺得這米做的麵條像棉線，形狀也一樣，所以叫米線。廣東人覺得這麵條怎麼也得煮啊，就像下河一樣，乾脆叫河粉得了。既然關注重點不一樣，所以最終做法也略微不同。我們先說湖南米粉。

湖南米粉其實分支還挺多的，長沙米粉、常德米粉，皆是一時瑜亮。不管是哪裡的，湖南米粉都離不開辣椒。毛澤東是湖南人，他一輩子都離不開辣椒，而江青卻不喜歡吃辣。後來有一次，他批評江青說：「不愛吃辣椒的人沒有革命性。」所以後來江青吃飯，總拿辣椒辣辣嘴。

湖南

　　湖南米粉也講究「帽子」，所謂帽子，不同的調和也。有肉絲、牛肉、牛腩、牛雜、排骨等，還可以加榨菜末、剁辣椒、酸豆角末、醃蘿蔔條什麼的。看著我如此大的身板，店家也會很同情地問我要不要加根香腸，我往往也很配合地說要。不過，吃的過癮的還是米粉本身，辣出一身汗，嘴裡也五味融和，身心都充滿了一種非自虐的滿足。

吉林

吉林

桔梗

朝鮮族民歌裡，知名度最高的大概是《桔梗謠》，歌詞裡寫道：「桔梗喲，桔梗喲，白白的桔梗喲長滿山野。只要採上一兩棵喲，就可以裝滿一大籮喲。這多麼美麗，多麼可愛喲，這也是我們的勞動生產。」

桔梗也是我的大愛啊。桔梗吃的是桔梗植物的根。如果你是七八月份到延邊的，會在山腳看到盛開的藍紫色小花，也有白色的，像是六角形的單瓣荷花，那就是桔梗的花了。而在延邊的首府延吉市，農貿市場上你到處都可以看到售賣的白色的乾桔梗。

桔梗最常見的也是最經典的吃法就是辣拌桔梗。桔梗本身質感比較

硬，要先用清水泡幾個小時回軟，然後將桔梗去皮，撕成小條，如果太硬，用牙籤幫助劃開。拌入精鹽揉搓後用清水反覆沖幾遍至桔梗乾淨後，再用鹽醃入味。然後把蜂蜜、鹽、蒜茸、芝麻、香油、朝鮮甜辣醬、細辣椒粉、蘋果醋攪拌均勻，做成醃料汁。把洗醃過的桔梗擠去水分，放入料汁中，表面全部裹上，放置一兩個小時即可。如果時間允許，可以在冷藏箱裡過夜，入味更好。

桔梗主要的藥效就是化痰和止咳，很適合吃燒烤的時候食用，因為使用的是帶有甜味朝鮮辣醬，所以味道比單純的辣更為舒爽。來一份朝鮮烤肉，吃幾口涼拌桔梗，喝點冰涼的泡菜水，別提多爽口了。

冷麵

中國很多地方有涼麵，像北京，夏天也有芝麻醬拌的涼麵，四川的涼麵味道也很好。不過，叫冷麵的可能只有東北的朝鮮族區域。延邊的首府延吉市，是朝鮮冷麵的發源地，故而中國很多地方把朝鮮冷麵叫做「延吉冷麵」。

冷麵的麵，用的是蕎麥麵條，色澤褐紅，有比較硬而滑的口感。蕎麥麵條不完全是百分百的蕎麵，那就成不了型了。要把蕎麵、澱粉按一定比例混合，倒在和麵盆裡，用開水燙，變成燙麵。然後加適量鹼水，揉勻和成團，整團放入特製的擠麵筒內，快速壓製成圓柱形麵條，直接下入開水鍋裡煮。麵條熟後再放入涼水中過涼，也有以電風扇將麵條吹涼的，之後就可以分裝在碗裡了。

接下來做冷湯。湯分清葷。清湯，是把蔥段、薑片連同花椒大料入鍋，加水，煮開，料渣撈出，倒入白醋、紅醋，加鹽、味精和糖，放冰塊即可。葷湯，要用牛骨煮牛清湯。把牛骨在水中使勁熬煮，不管時間，越長越好，不要放任何調料，如果湯汁混濁還要過濾，既要保證湯的鮮美又要保持湯的清澈。

接下來準備配料。先煮牛肉，牛肉切塊浸泡去掉血水，冷水下鍋煮

吉林

開，放入醬油、鹽，小火燉至熟爛，
撈出放涼，切成薄片。準備醃好的朝
鮮泡菜，這種泡菜甜辣，味道對路。
冷麵裡的辣醬，也是各家特製的，基
本上是辣椒粉加上蘋果醬、朝鮮大豆
醬、蜂蜜和一點點甜洋蔥碎做成的。

　　最後就是組合。麵條上放朝鮮泡
菜和黃瓜細絲，加上四五片熟牛肉，
澆上做好的冷麵辣醬，切半個煮過的
雞蛋，然後再放上幾片蘋果或梨的薄
片，最後澆上牛肉冷清湯，撒上熟芝
麻就可以了。

　　延吉冷麵甜、鹹、鮮、辣，最適
合夏天吃了，麵條也很筋道，一樣也
是「亮晶晶，透心涼」哦。

江蘇

江蘇

叉燒

叉燒，用叉子勾起來燒的豬肉也，也有說是插在豬肚子裡烤。現在有名的叉燒是廣東的，不過我最喜歡的叉燒是無錫做的，最大的區別，無錫的叉燒要用到花雕酒。

做叉燒要選對豬肉，既不能有筋，還要全瘦，也要有點質感，一般都用豬里肌，也可以用豬前腿肉，然後把肉切成長方形大塊。這時候要調醬汁。把蔥、蒜、薑加上五香粉、白糖、芝麻醬、花生醬、雞蛋液拌勻，再倒入紹興花雕酒，把肉放進去，翻均勻，醃漬一天左右。醃好的

肉用叉子勾起略為乾燥，然後入烤爐烤熟，趁熱再刷上糖漿，然後回爐把糖漿烤進去即可。等涼了以後，切成半公分厚，三四公分長的長片就可以裝盤了。

叉燒的滋味怎麼說呢？你明明知道是豬肉，但是沒有紅燒肉那麼囂張，表面紅亮亮的，裡面的肉還有點發白，甚至不夠肥潤，但是在你嚼它的時候，甜香、鹹香、醬香、酒香依次升起，然後又在你的口腔裡自動融合，你就覺得原來吃豬肉也可以這般高雅。

順便說一下花雕，是我超愛的酒品之一。最早喜歡花雕，先愛的是它的瓶子。傳統的花雕瓶子上彩繪的亭臺樓閣、仕女人物、百花爭豔，漂亮

極了，不過我從不買櫝還珠，便學著喝花雕酒。花雕整體上屬於黃酒，我第一次喝江陰黑杜酒時覺得有股泥巴味，後來再喝紹興花雕，突然就喜歡上了。現在我住雲南，花雕很難弄到，不過我發現超市裡古越龍山十年的酒也很好喝，尤其加熱之後。

黃橋燒餅

黃橋燒餅，是出自名門的，因為黃橋燒餅被袁枚點評過。這就好比伯樂相馬，名人一句提攜，便往往勝過自己單獨努力多年。然而必須是好馬，否則爛泥扶不上牆，伯樂被氣死，這罪過可就大了。但是現今的孩子們，往往不知道這個道理，都削尖了腦袋，愣往名人那裡湊，潛規則變成明規則，拼實力變成拼身體，也真是袁枚等人想不到的。

袁枚想不到的還有現在的黃橋燒餅和他吃的不是同個味道。袁枚《隨園食單》裡說黃橋燒餅：「用松子仁、胡桃仁敲碎，加冰糖屑、脂油，和麵炙之。」現在的黃橋燒餅基本受歡迎

江蘇

的是豬肉鹹餡。不過袁枚是美食大家，他說的一點很精闢，就是脂油。脂油是什麼？肥豬油也。可以這樣說，麵裡沒有油，就一定不會酥。而燒餅，甭管餡兒，一般人好的都是那一口酥。但是也不能都用油麵團，還得照常和個水麵團，兩個麵團揉在一起，烤出來才酥香可口。也不能單獨烤，兩面都要刷蛋液，烤出來才會奶油油的喜人。還要沾滿白芝麻，才會更香，一邊烤一邊香氣四溢。

現在基本都是用烤箱烤了吧。原來都是缸爐，還要刷上點糖汁，往爐壁上一貼，滋啦啦的響。餡倒是簡單，豬肉末加上火腿丁、蔥薑末、鹽、糖、料酒拌勻就得。烤好的黃橋燒餅，一般是橢圓形，表面看著沒什麼，咬一口，酥得掉渣兒，裡面的餡讓你滿嘴流油又不膩，吃一口餅喝口茶，比我在外國喝的下午茶那可是美多了。

糯米藕

藕是個好東西，除了形容人。我特討厭藕斷絲連這種狀態，做人不夠乾脆。尤其是感情，藕斷絲連就是曖昧，曖昧來曖昧去，不是害了別人就是窩囊死自己。所以別學這個，把藕吃了就好。

吃藕，挺講究的。第一個講究就是選藕。老話說得好：「粉花蓮蓬白花藕」，意思是說粉色的荷花，蓮子特別好吃，又大又糯；而開白花的，藕特別好吃，嘴裡不留渣滓。其次是怎麼吃。愛喝湯的，可以煲蓮藕排骨湯，藕吸收了排骨的油，燉煮成軟軟的，排骨也不膩了，再撒把綠豆，湯特別清淡，但是滋味挺濃。愛吃炒菜的，可以做油爆藕條。是我一個四川朋友教的四川南部家常菜 —— 把藕切成條，鍋裡油燒熱，炒藕條略乾時放入醬油，再翻炒幾下，直至藕條發黑，油潤有光就可以出鍋了。別看簡單，還挺好吃。你如果喜歡吃甜口，我覺得就是糯米藕最好。

上海、江蘇都喜歡吃糯米藕，我在上海住半個月，天天和糯米藕打個照面，也沒吃膩。做糯米藕要選老藕，一般都用中段。把糯米淘乾淨，最好再浸泡半天，然後瀝乾水分。把藕的頭部切下小段，豎直後把藕孔裡塞滿糯米，用筷子搗實，然後把切下的藕段蓋上，用牙籤插好。把藕放入鍋內，加水蓋過藕，水裡再放點食用鹼，煮幾個小時，也不要急著撈出，直接在鍋裡悶放涼為止。把涼藕取出，刮去藕面上的黑皮，切成半圓形的片，即可裝盤。裝好盤後，用蜂蜜、桂花醬加點水攪開，澆在藕片上就可以吃了。吃的時候，覺得涼糯綿

江蘇

爽，藕的清氣、米的香氣、桂花的馥郁都融合在一起，爽快極了。也耐得住放，早上起床吃得，中午當甜品吃得，晚上看電視也吃得。

前段芙蓉姐姐剛出來的時候，伊寫部落格總愛自稱「藕」，弄得我每次吃糯米藕都想起伊「嬌媚萬分而又冰清玉潔的 S 體形」，不由祈禱老天快把這紅顏收了去，倘若伊也算紅顏的話。後來鳳姐出來了，而芙蓉姐姐也瘦了好多，不由覺得伊也不算醜，不知道和「藕」有沒有關係。反正朋友們都說：「連芙蓉都瘦了，你還好意思胖嗎？」所以，我決定把糯米藕叫做「勵志菜」。

內蒙古

內蒙古

炒小米

炒小米，蒙語叫做「蒙古勒巴達」，就是蒙古米的意思。此米不是真正意義上的小米，因為它不是穀子而是糜子。把黃糜子用油慢慢炒熟，炒小米就做成了。

給炒小米專門寫一篇，不在於它製作多麼複雜，而在於它真的曾是內蒙古牧民不可缺少的口糧。牧民外出放牧，都隨身攜帶一小袋炒米。出門在外，烹製飲食不方便，一般就是就地點火煮一壺磚茶，撒點鹽巴，再撒一把炒小米進去，當成一頓飯來吃，解餓又解渴，清香爽口。至於有些人所說煮上奶茶再加上牛油來喝的，那都是富裕人家的吃法。

現在，生活好了，炒小米演變成一種早餐，也成為一種伴手禮，我也會偶爾收到內蒙古朋友的饋贈。我倒是喜歡用冷的牛奶直接泡一會兒炒小米吃，吃法很像我喜歡吃的牛奶泡穀片。也有的時候直接吃，很硬但是很有嚼頭，而且越嚼越香，就是第二天容易腮幫子疼。

糜子性味甘、平、微寒、無毒，不僅具有很高的營養價值，也有一定的藥用價值，是中國傳統的中草藥之一，《內經》、《本草綱目》等書中都有記述。按照《名醫別錄》的記載：糜子「入脾、胃經」，功能「和中益氣、涼血解暑」。這就是為什麼內蒙古炒小米深受牧民喜愛的基本原因。因為牧民日常飲食以肉食為主，蔬菜較少，故而胃熱繁盛，經常食用糜子，可以很好地消除積食，去除體內熱毒。但是同時，糜子又不消耗人體元氣，反而可以升起人體正常的陽氣，順遂氣血。我們山西的老年人會

隔三差五的吃一碗糜子蒸飯，這是祖祖輩輩傳下來的養生之道。

莜麵窩窩

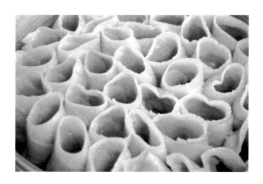

內蒙古的小吃之一，是莜麵窩窩。我愛吃莜麵，故而特意點了一份。等到端上桌一看，我啞然失笑：不就是我們山西的莜麵栲栳栳嗎？而且從做法、澆頭或蘸料來看，和我們山西的如出一轍。我自己倒覺得，這是從山西傳過來的，因為在明清時期，山西商人到內蒙的很多，甚至有「先有復盛公，後有包頭城」的說法，而復盛公是很大的一個晉商的商號。

山西的莜麵栲栳栳，之所以有這麼個怪名字，是因為從象形的角度來

內蒙古

說的。栲栳是指用柳條編成，形狀像斗的容器，農家專門用來打水或裝東西，也叫「笆斗」。莜麵呢是山西特產，是莜麥的種子磨成麵粉。莜麥其實大家也很熟悉，學名「燕麥」，莜麥屬「裸燕麥」，俗稱也叫「油麥」，生長在寒冷地區，所含蛋白質和脂肪量為五穀之首，故而也很適合高寒地區的人們食用。

做莜麵窩窩其實並不複雜，要將莜麵粉燙一下，這樣更容易成型。燙好後把莜麵和成團，搓成條後切塊，然後把小麵團放在一隻手掌後半部分，用另一隻手的大拇指按著它向斜上方推擠，再用食指輔助捲一下，就成為一個中空的圓筒形，做好後，一個一個挨著並排站立放在小蒸籠內，等都放滿了，整個小蒸籠看上去很像蜂巢。上鍋蒸熟後，莜麵窩窩色澤會變成淡赭石色，天然的麥香撲鼻。但是莜麵窩窩本身是沒有味道的，需要另外製作蘸料。

最常見的蘸料是羊肉馬鈴薯丁。

就是羊肉丁、馬鈴薯丁，加上蔥薑寬油爆炒，然後加醬油、胡椒粉、水和發好的黑木耳，煮開即成。湯不要多，然後用莜麵窩窩蘸湯吃，羊肉馬鈴薯丁做送飯菜，也可以澆到碗裡的莜麵窩窩上，做澆頭一起吃。講究的人家，是要吃羊肉台蘑澆頭的。我在山西時，能吃到真正台蘑的次數也有限。台蘑是五台山產的蘑菇，高山雪松之上產的尤其香，可是一來產量有限，二來價格昂貴，平常很難經常吃到。

莜麵本身是一種達到了自身平衡的食物，它一方面提供人體必需的脂肪和熱量，另一方面又富含豐富的核黃素和其他微量元素，常吃莜麵對於降低高血壓、高血糖、高血脂有好處。而莜麵栲栳栳或莜麵窩窩，不僅有利於人體健康，還真是味道濃郁的美食呢。

寧夏

寧夏

炒糊餑

　　我愛吃餅，除了燒餅，也愛吃烙餅，這和從小的生活習慣分不開。不過我們家的烙餅一般都很硬，油也不多，兩面餅面上能看到一些焦斑。我父親就喜歡吃這樣的烙餅，也不就菜，只是乾嚼，說是嚼的有意思，還能吃出純正的麥子香。我以前不怎麼喜歡，倒不是嫌硬，只是沒有油氣，現在「老了」，開始喜歡了。可是這種烙餅，只有家裡才有，超市裡面賣的，都是油汪汪、軟塌塌的，沒什麼「骨氣」。也有賣餅絲的，都是軟軟的，只適合炒了吃。

　　寧夏的炒糊餑，就是炒烙餅條。做炒糊餑，要先做餅。中筋麵粉加點鹼麵，和成麵團，中間擸兩次乾麵粉，餳十分鐘後再用力揉勻，擀成薄餅，放入鐺子內小火烙至半熟即可，取出後切成細長條。接著冷鍋熱油，先爆點蔥白，然後煸炒羊肉絲，慢慢煸炒至肉色發白，再依次放進豆腐條、乾辣椒等料和幾勺羊肉湯。燒開後，將切好的餅條抖散放進鍋內，翻炒幾下，讓餅條均勻地裹上湯汁，燜至餅條熟透入味，再撒上蒜苗關火，蒜香味溢出即成。

　　「炒糊餑」雖然在寧夏寫做這樣的三個中國字，不過我推測其實應該是「胡餑」才對。為什麼？因為不是麵糊做的餑，也不是整個的餑，所以解釋為稀糊糊的餑也不對。胡餑

據民間傳說是在元代由蒙古族傳入而遺留下來的。也不僅僅是寧夏才有，陝西韓城也有叫做胡餑的吃食，和寧夏炒糊餑的做法極為類似。中國古代漢人的正統文化稱北方少數民族為「胡」，而元朝的蒙古人喜食餅子，方便又耐饑，出遠門或做苦力的人都很喜歡，但多吃無味，遂增添了炒胡餑的吃法。做胡餑的餅子一定是少油烙製的死麵餅，如果是芝麻燒餅、脂油酥餅，恐怕倒有糟蹋餅子之嫌。

在寧夏鄉間，常能碰見小孩子端著和自己頭一樣大的碗，圪蹴（陝西方言，意為蹲）著吃胡餑。也不像美食街上那樣炒的色香味俱全，也許是烙好幾天的餅，因為水分少，也不怕壞，切成幾塊，放幾片羊肉，在鍋裡扒拉兩下，盛在碗裡就是一頓吃食。這倒和陝西的羊肉泡饃有幾分像了，倒也不假，反正羊肉泡饃也是胡人傳過來的美食。

寧夏包子

寧夏是塞上江南，風光其實不錯。縱然如此，寧夏的飲食習慣卻是明顯的北方化，尤其是回民兄弟很多，牛羊肉也吃得多。其實說到清真食品，中國歷史上從宋朝開始，呈現了長足發展。北宋宮廷內的肉食品，幾乎全用羊肉。仁宗皇帝喜吃羊肉，特別是燒羊肉。《孔氏談苑》載，有一夜仁宗睡不著覺，感到饑餓，因而「思食燒羊」。宋室南遷臨安後，仍以羊肉為宮廷主要肉食品，宮廷以羊肉為宴的記載亦見於多處史料。

寧夏最常見的牛羊肉小吃是牛羊肉的汆麵條，當然還有清真的牛肉包

寧夏

子。羊肉其實也有包子,不過一來味道還是比較膻,二來好像一般羊肉餡都很少。

清真做法的牛肉,品質是可以保證的。因為基於他們的信仰,殺牛宰羊都是要穆斯林的阿訇動手的,還要念誦經文,帶著某種儀式性,而宰殺的牲口也必須健康,宰好的肉也非常乾淨,不會水肉。

寧夏包子是半發麵的包子,包子皮一般發的不是很厲害。做法也比較傳統:用麵粉加上水、老酵頭(麵肥)揉勻發酵;將發酵好的麵團加入鹼水揉勻,用溼紗布蓋好,餳一會,讓麵充分膨脹;牛肉剁成小的顆粒,不要太碎;配菜可以單獨用大蔥或者胡蘿蔔,也有用芹菜的,也是切成顆粒;炒鍋置旺火上,放入菜籽油燒至六成熟,下牛肉炒散略發乾時,入薑末、醬油,再稍炒即起鍋;拌入胡椒粉、花椒粉、大蔥碎、精鹽即成餡料;把餳好的麵團揉勻,搓成圓條,切成小塊,分別擀成圓皮;包上餡心,收口

處捏成細皺褶,放入蒸鍋的籠屜裡,用旺火沸水蒸約 15 分鐘即成。

寧夏包子個頭比較大,牛肉香氣十分濃郁,吃起來果真比其他地方的牛肉包子美味很多。

陝西

陝西

涼皮

涼皮起源於陝西，風靡於全國。涼皮是用白麵或者小米麵做的，白麵做的是半透明的白，小米麵做的是不透明的黃。白麵做得最普遍，所以也叫麵皮，很多人看見它像米粉，所以也叫涼皮為「米皮」，其實涼皮中一粒稻米都沒有。

做涼皮要先「洗麵」。在麵粉裡加一點鹽，然後加上涼水和麵，麵要和得硬一點，然後一定要餳半小時。餳好的麵，放在盆裡，倒入涼水，只要沒過麵團底部即可，然後在水裡洗麵。揉到麵水很渾濁了，就把水倒出備用。連續換七八次水後，麵團縮小，變成很有質感的一團，就是麵裡的精華「麵筋」了。麵筋上鍋蒸熟，氣泡孔明顯、色澤發黃的時候就可以了。

洗麵的水沉澱三四個小時，麵水會出現分層。將上層的清水倒掉，留下粉漿攪勻，過篩，去掉氣泡和小麵疙瘩。準備不鏽鋼的長盤，表面刷一層植物油，將粉漿均勻倒入一層。將長盤放在蒸籠內大火蒸，看見粉漿變成半透明的一層即成麵皮。長盤拿出冷卻，揭下麵皮切成長條，放在碗裡。碗裡加醋、香油、蔥薑水、蒜水、辣椒油，然後再加上焯過的綠豆芽、切好的黃瓜絲，蒸好的麵筋切成小丁，淋上調好的芝麻醬，就可以拌勻開吃啦。

我吃麵皮，還要配個陝西燒餅或者肉夾饃，覺得比吃大餐還要開心。

肉夾饃

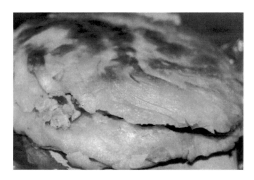

而以山奈、良薑、砂仁、白蔻、細辛、白芷、肉桂、丁香、大茴香、小茴香、草果等做成藥料包煮熟而成。肉要適當肥一些，因為肉湯裡的油對最後肉夾饃的口感很重要。

肉夾饃，實際上是餅子夾肉。「饃」通常指饅頭，但是在西北地區它也可以指餅子，尤其是不發麵或半發麵的餅子。

肉夾饃這種小吃我估計歷史很悠久，首先，相對來說簡單，比較容易製作；其次，肉夾饃這個名稱，是古漢語的倒裝句式，是肉夾於饃中，而不是肉片加著饃。在陝西，肉夾饃是名吃，而搭配上講究用「臘汁肉」、「白吉饃」。

臘汁肉實際上就是醬燒豬肉，只是燒的時候以醬油著色，不加蔥薑，

白吉饃，實際上是個諧音，指「白劑饃」。就是麵粉略發，什麼都不加，揪成劑子（捏小塊）壓扁，在火爐裡烤成餅子。但是好的白劑饃，講究「鐵圈、虎背、菊花芯」，指白吉饃白邊毫無火色，內側有一線若隱若現的火色線，火色線形成一個很完整的圓，圓圈內又有火色自然形成的斑塊，很漂亮。也唯有「天然去雕飾」的白吉饃配味道濃郁的臘汁肉才最好。

吃肉夾饃，一般都現組合。把白

陝西

吉饃中間切開到底不切斷，臘汁肉剁碎，肥瘦各半，然後再淋上原鍋肉湯，切點青辣椒碎，在砧板上拌勻，用刀背填入饃中即成。別小看這簡單的食品，吃一口，油潤鮮美，也許別人拿大餐來和你換，你還不樂意呢。

臊子麵

臊子麵很多地方都做，只要有肉臊子加麵條即可。但是臊子麵最好吃的，我承認前面一定要加個定語，「岐山臊子麵」是也。

這個岐山，就是姜子牙那個岐山，武王伐紂的大本營。岐山被周文王稱為「鳳鳴之地」，果真出了不少人才和至寶。晚清四大國寶（大盂鼎、毛公鼎、虢季子白盤、散氏盤）中，大盂鼎、毛公鼎均出自岐山。而周公廟景區，迄今為止已經發現周代墓葬 200 多座、甲骨 700 多片，號稱為「新中國成立以來第一考古發

現」。我們都非常佩服的一位古代聰明人，最後兵敗五丈原，留下千古遺憾，而現今在岐山五丈原有著宏大的諸葛武侯祠，其中有僅存的岳飛手書《出師表》，算是對他最好的紀念。岐山還有光彩奪目的民間藝術，北路皮影、剪紙、刺繡源遠流長，鑼鼓、社火、曲藝經久不衰。此外，岐山還是「陝菜之鄉」，而其中最有名的就是岐山臊子麵。

岐山臊子麵的麵倒是不見得特別出眾，這臊子絕對是「蠍子尾巴獨一份兒」。做臊子要選純瘦的好豬肉，將肉切成小薄片，鍋內熱油，下入肉片後就關火，讓熱油浸潤肉片，如果直接炒的話，瘦肉會過於硬。之後再開火，加上豬油，炒到肉片熟透，加鹽、五香粉、辣椒麵，改大火爆炒，趁熱放醋，等到醋香發出，即可起鍋。臊子肉因為沒有加水，即便在夏天都可以放兩三個星期不會變質。我要特別提示的是，肉臊子可以放冰箱保存，但是千萬不要忽冷忽熱，那樣反而容易壞。

岐山人吃臊子麵，麵煮好，直接在滾湯裡放入肉臊子，加上泡發的木耳、金針、綠葉子菜，旺火滾幾下就可以出鍋了。不管誰家的臊子麵，湯都是紅、鮮、亮，味都是油、辣、酸，我呢，一般都會連吃兩碗。

陝西

陝西核桃餅

陝西盛產火晶柿子，所以陝西的桂花柿子餅味道非常棒。陝西也盛產核桃，所以陝西的核桃餅味道也好極了。

陝西寧強縣「王家核桃餅」是陝西最有名、歷史最悠久的核桃餅。清光緒二十六年（1900）八國聯軍攻破津京，慈禧太后攜光緒帝逃到西安避難，地方官聞訊急奔西安參朝，曾將王家核桃餅作貢品進呈御用。王家最早開辦的店鋪叫「福興老號」，也不專做核桃餅，而是各式燒餅都做，兼營滿漢糕點，核桃餅出名後，成為

了王家的看家產品，製作方法流傳有序。民國 10 年至 17 年之間（1921—1928），陝南的北洋軍閥第七師師長吳新田盤踞漢中，酷愛吃王家的核桃餅，曾派親兵專門去寧強縣王家老鋪購買。這個親兵偷懶，半路在沔縣一家饃鋪依樣畫葫蘆地訂做了若干帶回漢中交差。吳新田見之則喜，一嚐後卻勃然大怒，定要治罪，親兵喊冤，吳新田親自拿出剩下的一塊王家核桃餅讓他嚐，親兵吃後，發現味道果真不同，遂認罪伏法。

王家的核桃餅為什麼好？王家核桃餅用油麵發酵，一年四季的時間、水溫各不相同。發酵過程分為三次。第一次的酵麵完全發好後，加入一定比例的生麵粉，再發酵到一定程度後加入一定比例配製好的食用植物油，再次稍微發酵後加入核桃泥和勻，揪劑，擀成長條，表面再抹上核桃泥，做成圓餅，進爐烘烤。而核桃泥也發酵過。核桃泥的做法是先把整個核桃仁加上植物油發酵。把發酵後的核桃

仁粉碎，加入花椒、鹽等調料，然後還要二次發酵，發酵好後再次粉碎成糊狀，再發酵一次才可以使用。

真正的王家核桃餅，大小如我們喝水的馬克杯口，色澤橙黃，表面有小的核桃顆粒，入口鹹鮮而香，味道一嚐不忘。

酸湯水餃

酸湯水餃，陝西人做得最合我的口味。因為這樣吃餃子連吃帶喝，而且湯香油潤，酸辣過癮，十分開胃。

水餃在整個北方，基本都是吃乾的，即煮好撈出直接吃，或者蘸點調料。只有陝西酸湯水餃是個異數，是帶湯吃的。不過這個酸湯和貴州酸湯不同，貴州的酸湯是野生小紅柿子發酵，湯色本身紅亮帶有濃烈的酸味，而酸湯水餃的酸湯是用醋調製成的。

酸湯水餃的酸湯是關鍵。陝西酸湯水餃的酸湯製作必不可缺四樣東西 —— 蝦皮、香菜、蔥花、紫菜。碗裡放上醬油、陳醋，陳醋要適當

陝西

多一些，傳統上來說，最好用陝西寶雞醋。然後加上油潑辣子一大勺。油潑辣子是另用一碗，碗內放入上好的辣椒麵，加上炒過的白芝麻，然後將豬油熬開關火，以滾油倒入碗內，逼出辣椒的紅色和香氣。然後再加上蔥花、香菜末、小片紫菜和蝦皮，等煮餃子的時候，用滾燙的餃子湯沖開，酸湯底料就調製好了。

煮好的餃子，直接放在酸湯裡，就可以吃了。原來講究的是用牛肉餡餃子，現在什麼餃子都可以了。因為酸湯餃子重點不是餃子，而是酸湯也。甚至也可能不是酸湯，而是這麼一種吃法。一種吃法代表一種生活方式，不知道大家同意嗎？

不管大家同意不同意，我覺得能把已經挺好吃的餃子再發展成好上加好的酸湯水餃，本身就是一種生活態度。

羊肉泡饃

西安是我喜歡的一座城池。

之所以叫做城池，而不是城市，是因為這個繁華的省府，畢竟還保留了厚重的城牆和同樣厚重的歷史。

站在鐘樓上，遙望車流如潮的中央大街，我有的時候會產生一種感覺上的錯亂 —— 也許，長孫皇后、徐充容、武昭儀、太平公主的鑾駕正從下面緩緩經過。幸虧，還有它們，道地的西安小吃，我最喜歡的是羊肉泡饃。帶著橫亙千年的香氣，讓我想起一千多年前，這裡便是叫做「長安」的地方。也讓我仰望大唐華貴的威嚴

之餘，可以從這平民的食物裡感受市井溫暖的氣息。

更進一步說，西安的很多東西都是「仿」的——仿唐樂舞、仿唐宴、仿唐三彩、仿兵馬俑……只有西安的小吃，拖曳著歷史的綢衣，產生了如此真切的回想與共鳴。

我是如此的懷念羊肉泡饃，它讓食客能夠產生創造美味的參與樂趣，要知道，你掰的饃的大小、形狀都有可能影響到最終的味道。羊肉泡饃中的饃，不是饅頭，其實是不發麵的乾硬餅子。第一次吃羊肉泡饃我比較貪心，饃掰得塊很大，然後眼巴巴的等著澆湯，湯也不要多，剛剛夠饃吸收完就好，當地人稱之為「乾泡」者是也；後來吃得多了，才曉得饃要入味，必須細細掰了如蒼蠅頭般大的小塊，叫做「蜜蜂月殺」，湯也要寬些好，要知道，好滋味都在湯裡。

吃羊肉泡饃，必配糖蒜。我去的館子在西安都是人頭攢動，我等不及，在前胸貼後背之前，就著糖蒜把

饃啃了半個，後來跑堂的來添湯時，笑了半天。

陝西

山東

山東

山東大包

山東大包，我吃過很多種，每種都不是一般的好吃，然而，最好吃的，是膠東包子。

山東包子為什麼好吃？我覺得和人的性格有關。不知道山東人是不是和水滸好漢有關係，總之山東人是豪爽的代名詞，即使到了現在，頗有「一見如故」，然後「君子死知己，提劍出燕京」的氣概。所以山東包子除了水煎包，基本都是大個的，氣勢上就很高人一頭。

蘇軾在《留侯論》中也曾經論述過勇敢，他把那種真正的勇敢叫做「大勇」。他說：「古之所謂豪傑之士者，必有過人之節。人情有所不能忍者，匹夫見辱，拔劍而起，挺身而鬥，此不足為勇也。天下有大勇者，卒然臨之而不驚，無故加之而不怒。此其所挾持者甚大，而其志甚遠也。」

中國人是追求內斂的，但是這種內斂是心靈上的自由，並不是怯懦。所以中國的食品也是內斂的，可是內裡乾坤廣大。中國的包子就可以稱得上是食物裡的「大勇」者。外國的食物往往熱情洋溢，恨不能把所有的好

東西都堆在表面，奶油麵包厚厚的白奶油絕對是堆在麵包表面上的，各式披薩在麵餅上撒了培根、蘑菇、番茄片還不夠，點綴上黑橄欖圈，又撒上大把乳酪絲。中國的餡餅、餃子、糕點哪個不是內斂的？所謂「包子有肉不在褶上」。

中國的包子種類繁多，餡料乾坤大展，蟹粉的、豬肉的、牛肉的、羊肉的、雞肉的、魚肉的、鹿肉的、豆沙的、棗泥的、果仁的、火腿的、芹菜的、茄子的……難以盡述。通常包子皮都一樣，甭管褶子多少，一般主人不告訴你，你就弄不清裡面有什麼。

不過膠東包子裡最好吃的是豬肉豇豆餡的。北方還是比較喜歡用醬油，所以豬肉的顏色往往喜人，不是那種白花花的感覺。豇豆切成碎丁，一般先和豬肉炒過，彼此在味道上已經你儂我儂，相互補充。加上山東人發麵是一絕活，包子皮白光光的，充滿發酵小氣泡，蒸好後，有時候餡的油還會順著包子頂流下來幾道，彷彿向你招手，勾得你趕緊咬上一口，滿嘴熱氣騰騰的香。這時候誰要請你去吃鮑魚，估計你也不願。

山東

山東煎餅

　　煎餅，我估計歷史挺悠久的。而且很多地方都有，常見的是北京煎餅、天津煎餅，但是最有名的無疑是山東煎餅。

　　煎餅做的不複雜，但是各地略有不同。先說北京煎餅，一般是黃豆麵和小米麵兩摻，把麵和鹽、一點鹼麵拌在一起，用冷水和成稀糊狀。然後一定要用鏊子，就是中間略鼓四邊稍低的圓形餅鐺，還帶兩個耳朵。把鏊子燒熱，熱到什麼程度呢？好像黑鐵都帶點青紫了，舀一勺麵糊往中心一澆，迅速用丁字形的竹刮子將麵糊推著轉一圈，因為餅薄，基本上成型了也就熟了，自己會從鏊子上分離開，拿鏟子鏟下就可以。吃的時候，刷上點油辣椒，抹上麵醬，再撒點蔥花，一捲就可以吃了。天津煎餅做法差不多，不過常用綠豆麵和小米麵兩摻，做好後，一般還要加根老油條，天津人叫「餜子」，所以天津煎餅也叫「煎餅餜子」。

　　我們主要說山東煎餅。山東煎餅做法和京津類似，不過鏊子比京津的大。煎餅做好，配料就比較山東化。最基本的一定要有山東大蔥，全是蔥白切成段。然後一定要有山東蝦醬，蝦醬很鹹，還有股發酵的臭味，不過和大蔥一起吃，味不那麼衝，還有股蝦的鮮味，再加上熱煎餅的熱氣一捂，吃到的都很開心。現在條件好了，講究的人吃煎餅，還要炒點雞蛋，弄點小鹹魚什麼的，裹在一起吃。

　　但最好的配料是「勾魂小媳婦」。我有一朋友是山東臨沂人，每

回回老家都會帶來有名的山東煎餅，有一次不光帶了煎餅，還很神祕地說帶了一樣比煎餅更好的東西。我們圍著他爭著看，結果掏出來一瓶烏漆抹黑好像油炒過的鹹菜，大家都噓了一聲。結果他急了，挖出幾勺，裹在煎餅裡給我吃。這一吃，呀，真好，除了煎餅的麵香，還有鹹魚的香、雞蛋的香、豆豉的香，味道好極了。趕緊問他怎麼做的，原來是把鹹魚丁、豆豉、醃過的蘿蔔疙瘩、炒過的雞蛋、炸過的花生米碎，再一起過油炒淋上鹹菜水和醬油出鍋就好。

　我們正吃得開心，他在一旁扭捏的說：「其實我是為了文明，在我們老家，不叫勾魂小媳婦，叫勾魂小娘們。」聽完之後，我們太歡樂了，呵呵。

山東

濰坊蘿蔔

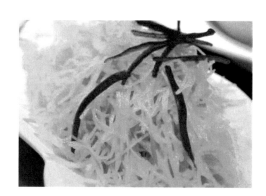

去了濰坊，印象最深刻的，一個天上飛的，一個地裡長的。天上飛的大家都知道——風箏。濰坊的風箏真的是一絕，大的幾十公尺長，有龍形的、有蜈蚣形的，也有滑翔機形的。飛起來，兩個大小伙子都拉不住，被風箏拽的拖在地上走，聽說還有一次把人拽上過天，摔下來摔得挺慘。小風箏也不錯，我買了一個三公分大小的蜻蜓風箏，迎風一放，也能飛十幾米高，還挺平穩，我高興了半天。

這地裡長的，就是濰坊蘿蔔。在濰坊吃飯，往往等候菜上桌的功夫，店家先給你端來一盤蘿蔔，有拌好的蘿蔔絲，更多的是切成四稜八角的蘿蔔塊。剛開始我還不知道是什麼，因為濰坊蘿蔔比較青，外皮顏色翠綠翠綠的。咬一口，水分足，又脆，好像不太甜的梨的味道，吃了幾塊，才知道原來是蘿蔔。

聽當地的朋友說，你別小看這蘿蔔，我們種了300多年了，我們自己叫它「高腳青」。我一看剛挖出來的蘿蔔，都是細長圓柱形的，還果真是高腳的模樣。

吃蘿蔔的好處大家都知道，傳統上我們說蘿蔔行氣、化痰、消食。最簡單的食療方子，是當你風寒感冒時，一邊喝熱茶就著蘿蔔吃，基本都可以隔日而癒。不過我還是最喜歡當地朋友的話：「煙台的蘋果萊陽的梨，不如俺們濰縣的蘿蔔皮。」

山西

山西

蕎麵灌腸

我在山西長大，小吃裡愛極了灌腸。後來走的地方多了，朋友也多，每每我提到灌腸，大家往往都有很多理解，可是，全都不是我說的那種灌腸，知道這種灌腸的大概只有山西人了。如果，真的說對了，估計我要難免在高興之餘唏噓一番——老鄉難覓，唯有愁緒千個啊。

山西灌腸以蕎麵製成，所以又叫蕎麵灌腸。入口清爽，味烈開胃。其製作方法比較簡單：用冷水將蕎麵打成糊狀，將糊狀的蕎麵放入小碟或小碗內，入鍋蒸熟。蒸好的灌腸，形如碗碟，色灰棕，如瓷般細潤油亮；略透明，不黏不連，軟而堅韌，入手輕跳，彈性很好，所以山西平遙一帶也把灌腸叫做「碗沱子」。灌腸既可冷食，也可熱炒，一律切條，非用小綠豆芽、老陳醋、燈籠紅乾辣椒，而不能顯示出山西特有風味來。無論冷熱，一律要拍蒜泥，味道才足，蒜一定要獨頭蒜用大厚刀在砧板上猛拍才好，切出來的、剁出來的味道都遜色很多。當然也有的人愛加些滷，稠稠的，更加有淳厚的滋味在裡面。

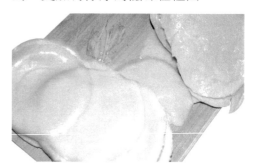

如果說北京灌腸、雲南灌腸是把原料灌在腸衣裡因而得名，這是比較好理解的，那麼山西灌腸為什麼也叫灌腸呢？因為，蕎麵不僅富含膳食纖維，同時蕎麵含有的菸鹼酸能促進肌

體新陳代謝，增強解毒能力，而蕎麵中的某些黃酮成分還具有抗菌、消炎、止渴的作用。因此，蕎麵有「消炎糧食」的美稱。而從前人們很有可能吃進一些雜物，如毛、草、灰塵等等，通過吃灌腸就可以把這些附著在腸胃內表面的髒東西清理下來，所以這種食品就被稱為「灌腸」。這樣說來，這「慧中」的山西灌腸比「秀外」的北京灌腸和雲南灌腸畢竟略勝一籌了。

山西炸糕

山西也有一種糜子麵做的小吃，別的地方不多見，就是山西炸糕。天津很著名的小吃耳朵眼兒炸糕，那是江米麵的，就是糯米粉為皮做的，和山西的炸糕很不同。

每次家裡做山西炸糕，我就想起俗話說：「四十裡的莜麵，三十裡的糕，二十裡的蕎麵餓斷腰。」這說明，莜麵是最耐餓的，其次就是糕麵，我們說的糕麵，專門做糕的糜子麵也。

在家裡做黃米麵炸糕，先把黃米

山西

麵放入少量的水,迅速地搓成均勻溼潤的小顆粒。蒸鍋裡放好箅子和籠屜布,蓋上鍋蓋,上汽了把揉好的黃米麵放進鍋裡蒸熟。蒸好的黃米麵趁熱放入不鏽鋼盆裡,手上抹植物油,將面揉搓成光滑的麵團。餡料一般是紅豆,蒸也行煮也行,必須成為泥狀,然後加入白糖拌勻。黃米麵團揪成小劑子,擀麵棍表面塗油,劑子擀成薄片,把紅豆沙餡包入,一手轉圈包封住口,壓成略扁的形狀。鍋裡放油,包好的糕放入炸製,待兩面金黃、表面膨脹出緊密的小泡時即可出鍋。

黃米麵炸糕其實也很黏牙,不過和江米麵的味道卻截然不同,帶著江湖上快意恩仇的氣息。江米麵炸糕好像更適合閨閣小姐,剛喝完一壺玉蘭香片,用纖纖玉指捏起一小塊江米炸糕,又嫌油膩,琢磨再三方才吃了,便又趕緊叫丫鬟來淨手。

黃米麵炸糕也是要配稀的喝,否則有些人容易「燒心」。說是燒心,其實是胃疼。稀的最適合配疙瘩湯。

很多人口味都不一樣,有喜歡喝稠稠的,有喜歡喝湯是湯,疙瘩是疙瘩的。關鍵就在於疙瘩怎麼拌。在盆裡放上面,用筷子加水攪拌,出現的麵疙瘩,就是疙瘩了,然後可以用肉湯,可以用清水,再加上番茄、菜葉、雞蛋花什麼的,煮熟就可以了。裡面調料一般用醬油、鹽、香油,最簡單的,反而最適合吃炸糕這樣油膩的小吃。

太谷餅

太谷餅很奇怪，因為它的用料實在是簡單，但是你就是想吃，時間久了就會懷念它的味道。

太谷餅，顧名思義，最早是出在山西太谷縣。太谷餅是麵製爐烤的實心餅，太谷人俗稱「乾餅」、「燒餅」。餅呈圓形，直徑三寸半，厚約六分，邊與心的厚薄均勻，表皮為茶黃色，沾有脫了皮的芝麻仁。太谷餅久儲不壞，而且味道始終如一，酥而不硬，軟而不皮，香、甜、軟、綿，我常用來做茶點。

太谷縣是中國四大家族之一孔氏家族中孔祥熙的出生地，在孔氏家族裡，人人都愛吃太谷餅。1934年，蔣介石來到太谷探親，看望他的大姐夫孔祥熙。山西，在蔣介石的印象中是個窮鄉僻壤，當然不會有什麼好吃的東西。然而，當孔祥熙請他品嘗家鄉特產太谷餅時，那甜而不膩、酥軟爽口的口感使蔣介石大為驚訝，尤其太谷餅的質感也適合牙不好的蔣介石。蔣介石希望以後在南京也能經常吃到太谷餅，要求孔祥熙派人在南京開個太谷餅作坊。孔祥熙說慈禧當年西逃途經太谷，吃了太谷餅也說好，還下旨要太谷餅麵點鋪隨駕進京，可沒想到小小的太谷餅麵點鋪不想離開故土，居然抗旨不願隨駕進京。太谷巨賈曹家聽聞此事，在慈禧面前給太谷餅麵點鋪講了個情，慈禧想想連金火車頭都賜給曹家了，這點面子還是要給的。蔣介石聞聽此典故，便不再提此要求。

製作太谷餅，要先用適量白砂糖和麥芽糖加上植物油慢慢熬成糖漿。

山西

麵粉倒入和麵盆中，用筷子在麵粉中央挖一個小洞。熬好的糖漿趁熱徐徐地倒在小洞裡。之後使糖漿和麵粉充分混合，揉勻。另用雞蛋清和麵，揉勻，然後將兩種麵放在一起反覆揉壓，揉勻為複合型的麵團。揉好的麵團表面蓋上溼布餳半小時。餳好的麵團搓長條切小塊，製成扁圓形的餅坯。餅皮表面刷麥芽糖漿，沾滿炒好的白芝麻，在烤箱裡烘烤成熟即可。

頭腦

南方的天氣雖然總體上暖和，可是到了冬季，便是屋外倒比屋內暖，屋外的陽光一曬，渾身發熱，可是到了屋內背陰的地方，坐一會就手腳冰冷，這時候我就異常懷念山西的頭腦。

頭腦，可能除了山西太原的人外，知道得不多，聽說的大抵也認為是豬頭豬腦做的一類什麼東西。其實說到這頭腦，倒真是一個流傳百年的老吃食，是傅山老先生傳下來的。

傅山，可能知道的人也不多，如果聽說可能也是《七劍下天山》的功勞。傅山不僅僅是一位反清復明的人

物，更主要的他是一位書法家、儒學大家和醫術大家。傅山創製的頭腦，本名叫做「八珍湯」。既然叫八珍，其中有八種主料──就是黃耆、良薑、羊肉、羊髓、煨麵、黃酒、藕塊、長山藥。製作頭腦關鍵是注意幾個要點：(1) 羊肉要選綿羊腰窩肉，易於煮爛而且不腥膻；(2) 黃耆最好選正北芪，切好的放三四長條片就行；(3) 羊肉煮好後，清羊湯拌煨麵加上山藥小段，細細的熬，可以煮到麵糊發稠、不分離為止；(4) 麵糊煮好後再加藕片，但是稍沸即離火，一是為了藕片略顯脆爽，形成質感的對比，另外也為了麵糊色白稠濃，不變褐色。做好的頭腦看起來麵糊稠白，濃黏而有厚重感，喝到嘴裡要求達到「甜、軟、綿、香、熱」，喝不了幾口，就覺得胃裡暖烘烘的，一碗喝完，也不見得身上出汗，可是全身都通暢舒坦，彷彿外面有多大的風雪都能應付。

喝頭腦有兩樣東西不能少。第一就是醃韭菜，選用霜降前收穫的寬韭菜，去黃梢，摘揀後洗淨，控乾水分，切成約五六公分長的段，加了精鹽醃一兩日。喝頭腦時配一小碟，不僅口味上更加鮮爽，更重要的是醃韭菜就好比藥引子，可以發揮頭腦最大的功效。第二，是少不了「帽盒子」。帽盒子是太原特有的一種麵食，就是烤餅子，但是比尋常燒餅小很多，短圓柱形，中間空，是用不發酵的麵粉加入椒鹽捏成兩片空殼，合在一起，入爐烤製。喝頭腦時把「帽盒子」掰成小塊，泡在頭腦湯裡，噴香耐嚼，別有風味。

近年有機會又回了一次太原，當成件大事的專門去老店「清和園」喝了一頓頭腦，才早上七點鐘館子裡已經坐滿了人，不過都是老大爺了，我這樣的是個異數，被關注度很高。鄰座的老大爺，每天早上五點起床趕第一鍋的頭腦，堅持數十年而不變。吃完了一抹嘴，對我說：「小伙子，好，喝頭腦的年輕人少，可是頭腦真是個

山西

好東西，以後常來喝啊。」這話他說
的底氣真足，到現在好像我耳邊還振
聾發聵。

羊雜割

　　我印象中的羊雜湯，便是那冬天
街頭巷尾，雪花飄灑下的一口鍋。鍋
裡永遠滾著不知道幾年不曾停歇的老
羊骨湯，白胡椒粉的鮮辣、大料歷久
彌珍的濃香、丁香的雨霧纏綿、還有
歷次添加的羊肉湯裡的精華層層疊疊
像地殼岩層般不斷疊加，喝到嘴裡一
股捉摸不透的厚重。

　　中國各地做羊湯的，好像只有山
西叫羊雜割。因為這碗羊湯裡面，不
僅有羊肉，還有羊心、羊肺、羊肚等
等羊的下水，雜亂的切割，不求片是
片、塊是塊的，因為好滋味都在湯

裡。另外還要有粉條，然後加上辣椒油和香菜段，味道別提多濃郁了。

山西的羊雜割湯，既有時間的沉澱，還有歷史的韻味，更重要的是離不了我們山西的醋。人家開玩笑說，以前山西人打仗，身上必備兩個東西：一個是槍，一個是醋葫蘆，少了哪個都難活命，所以山西人都叫「老醯兒」。醯為醋的古稱。我不能算是正宗的老醯兒，但是幾天如果不吃醋的話，我也真像活不下去了一樣，做什麼都難受。

山西醋不僅僅是陳醋，常吃的還有燻醋。不管什麼醋，標準就是「甜、軟、綿、香、厚」，我們太原的羊雜割湯，最適合配的是太原明朝王府釀醋作坊傳下來的老字號「益源慶」的醋。從明朝至今也有幾百年了，窖池還是那一口，所以微生物格外豐富，醋的味道自然也就更佳。而且因為一直秉承傳統釀造方法，所以產量一直有嚴格的控制，保證了醋的品質。

吃羊雜割，還可以配缸爐餅子或者燒餅。缸爐餅子是用水缸為爐體，慢火烘烤出來的一種長方形的麵餅，油很少，可是麵很硬，一面烤得微微發黃，一面沾滿白芝麻，咬一口，既有嚼頭，又滿口麥香。我往往是一半細細地嚼了，一半便泡在剩下的半碗羊雜湯裡，等餅子吸飽了羊雜湯的鮮香，再吃下去，那時候真的是最滿足的事情了。燒餅是另外一種感覺，油香突出，焦黃脆熱，拆開來一圈一圈的，也是把綿軟的內裡泡在湯裡，是另外一番風味了。

山西

上海

上海

蔥油拌麵

　　魯菜裡有一道名菜也是大菜——蔥燒海參。我以為這個菜搭配得很絕妙。不是因為山東產海參又產好大蔥，而是因為海參是高檔食材，而大蔥是家家皆吃得起的調味，頗有陽春白雪和下里巴人同樂的感覺。獨樂樂，眾樂樂，孰樂？所以，成就了一道名菜。

　　我原本工作時的餐廳，主打也是蔥燒海參。每天煉蔥油時，我就特別樂意去廚房轉一圈。要把蔥的香味全部吸收到油裡，不容易，我覺得相當於玫瑰精油的萃取。我接連工作的兩大餐飲集團都是擅長於煉製蔥油的，因而滿足了我愛吃蔥油的小小愛好。

　　上海小吃裡也有一道用蔥油的，就是蔥油拌麵。要把鍋裡放油燒熱，放入切好的蔥段，慢慢煎，直到蔥段變得焦黃，再放上醬油、白糖，炒到蔥段發黑備用。然後煮麵，麵倒不講究，就是機器壓得圓滾滾的細麵條。麵煮好後撈在碗裡，倒上蔥油和醬油，拌透了吃。講究的要用黃酒泡發開洋，炒成脆脆的，放在麵裡一起吃。吃蔥油拌麵，香氣撲鼻，麵條因為裹了油，也特別爽滑，很快一碗麵就見了底兒。

　　不過話說開來，我到現在也沒弄清楚蝦米為啥叫做開洋？問了不少上海人，說法很多。有種說法相對可信：據說漁民為了魚兒的休養生息，每年都會禁漁一段時間，好讓魚兒長大或者生兒育女。等到開魚市，先捕撈到的一定是小魚小蝦，因而小蝦米就叫做「開洋」。可是，那為什麼小魚不叫做開洋呢？百思不得其解，算了，吃蔥油拌麵去吧。

青團

青團是江南的小食，一般在清明前後上市，這幾個字眼 ——「青」、「江南」、「清明」，輕輕巧巧地帶來一團明綠的水氣，氤氳出江南的清麗春天。

其實這種在清明前後吃青團的食俗可追溯到兩千多年前的周朝。據《周禮》記載，當時有「仲春以木鐸循火禁於國中」的法規，於是百姓不生灶火，不見炊煙，「寒食三日」。在寒食期間，即清明前一、二日，還特定為「寒食節」。明代《七修類稿》也說：「古人寒食採楊桐葉，染飯青

上海

色以祭，資陽氣也，今變而為青白團子，乃此義也。」清代《清嘉錄》對青團有更明確的解釋：「市上賣青團熟藕，為祀先之品，皆可冷食。」

我是很愛吃青團的。製作青團要使用一種田間地頭類似麥子的青草，但是這種草是不結穗的，就叫做麥青，後來我專門查了資料，可能學名叫做雀麥草吧。把麥青採回來後，用清水洗淨，再用一大鍋開水燙一下，這時滿屋子都散發出一股青草的香味。直到現在，我都特別愛聞燙粽葉的氣味，因為北方沒有麥青，聊勝於無吧。

麥青燙好後，揉成一團，擠出汁水，再把碧綠的纖維搗爛，然後揉進糯米粉，做成皮。通常餡料用洗好並過濾好的紅豆沙，包成一個鴨蛋大小的團子，放在蒸籠上，水氣上來後大火蒸幾分鐘就好了。傳統做法將麥青直接加在皮裡，正暗合了增加粗纖維的道理，算是歪打正著。後來，就只用青草汁，再後來連菠菜汁也用了。

餡料也更為豐富，如豬油玫瑰、金針木耳鮮肉、雞肉筍絲、豆腐肉絲等，香氣也還正宗，只是形式改良（如果能算作改良的話）。

青團蒸熟後，色味俱佳，碧綠光亮，比一般未加青的團子顯得既香且糯，特別好吃，會讓人產生一種回歸自然的美妙感覺。前幾年我去上海，看到糕團店裡有青團賣，擔心上海人排外，特意用上海話跟店員說：「阿拉麻兩匹青短」，結果店員羞澀一笑：「我不是上海人，先生你要買什麼？」我也笑了，這世界還真是大同了，我何苦來哉？不過，買回去的青團味道卻遠遠不如以前，唉，徒增悵然。

生煎

我現在一般只說「生煎」，實際上在上海，傳統來說它應該叫做「生煎饅頭」，而世界大同了以後，上海人也跟著外地人叫「生煎包子」。雖然饅頭最早確實是包子，而且是聰明極致的諸葛亮大神搞得如此錯位，不過現如今上海堅持管包子叫饅頭的好像只有南翔饅頭店。

先說說為什麼饅頭就是包子。諸葛亮南征孟獲，欲渡攔路大河，結果因戰事亡者太多，河中冤魂聚集不得過。諸葛亮向上蒼祈禱，得到要祭奠幾百個人頭的指令。諸葛亮是個軍事

家，不是哲學家，所以沒有像尼采一樣以為自己是太陽而發了瘋。他決定偷梁換柱，用麵粉做成人頭般的圓球形，裡面放上豬牛肉餡，混充人頭拋入河中。上天有好生之德，既如此，也便沒有再為難諸葛亮，讓他渡河而去。當地人一看，喲，這東西好，又不殺人，又能祭祀，還挺好吃。問問大神這是什麼？諸葛亮一沉吟，以麵而做，又類人首，故名饅首。首就是頭，所以以後叫饅頭，又所以早期的饅頭是帶餡的。

且不要研究什麼時候饅頭變成了饅頭，而包子橫空出世這麼複雜的命題，我們接著說生煎。生煎到底是什麼呢？就是發麵小籠包子不蒸，一個個排好隊，圓鼓鼓胖嘟嘟的在平底煎鍋上，一會油一會水，加上蓋再悶一悶，就這麼活生生的給煎熟了。做好的生煎，底是焦黃的，為了表示歉意，店主都會撒點碧綠碧綠的小蔥花在生煎頂上，以示哀悼。

上海

你說能不香嗎？「好活莫過躺著，好吃莫過餃子」，這生煎和餃子也就形狀不一樣，而且還是用油煎過的，餡油滋滋的，底脆脆的，皮軟軟的，味道、質感都是上佳，最關鍵的是還沒小籠包貴，你說，你是吃生煎還是吃生煎或是吃生煎啊？

蟹粉小籠

上海曾經是精細的代名詞。你看，大家一樣沒錢的時候，別的地方的人穿衣服都是灰頭土臉的，上海人會花心思弄個假領子，往一身藍上一搭配，整個人的感覺都鮮活了。而且又不貴，家家戶戶都有十幾個假領子，還十分好換，天天都有新感覺。這種一舉三得的事情，彷彿也只有上海人才想得出來。順便說一句，上海人說到錢，愛用的詞彙是「鈔票」，而且說得一字一句，充滿熱烈的情緒。我反而喜歡這種感覺，因為這是符合人性的，而當你知道對方是一個

精明的人時，不論明處還是暗處，不論朋友還是對手，都會調動你的緊張，讓你充滿亢奮的欲望。

　　精明不是壞處，起碼我認為精明是聰明的一種。這種精明用在飲食上，也只有上海才會出現蟹粉小籠。「小籠」不奇怪，因為各種原因，你把包子做小點，蒸籠也做小點，那就是小籠。難得的是「蟹粉」。螃蟹這個東西，好像自古以來都被美食家稱道，也許被美食家吃得太多，物以稀為貴，價格好像也從不親民。上海人就能讓你吃個包子還連帶著吃螃蟹！所以，我寄居上海朋友城隍廟的閣樓上時，他一回來，總會說要給我「弄點小菜吃吃」，我就知道量是真的不大，不過花的心思可不少。

　　蟹粉小籠也是要花心思的。蟹粉小籠往往都是帶湯的，誰也沒本事直接把湯包在包子皮裡，所以要利用湯的固形物 —— 先準備好豬皮凍。然後整治螃蟹，把螃蟹洗淨，上鍋蒸熟，取出蟹黃和蟹肉。炒鍋裡放豬油

燒熱，爆香蔥薑末，放進去蟹黃和蟹肉爆炒至橙黃色時盛出放涼。這時候和麵，別浪費時間。和麵就複雜點：先取麵粉和酵母加溫水和勻，放一邊餳著；然後再取麵粉，用開水燙麵，然後再加點涼水和鹹麵和勻。再把兩個麵團揉一塊，搓成劑子，擀成包子皮。蟹粉這時也放涼了，加上豬肉末、醬油、鹽、料酒、白砂糖、蔥薑水、肉皮凍丁和香油，拌勻成餡。包在包子皮裡，頂部一定要捏緊嘍，放蒸鍋上大火蒸熟。

　　吃的時候，現在很多包子店都給你發一吸管，實在惡劣。為什麼？你要趁熱吸，燙死你，然後嘴裡一股塑膠味；你要放涼了吸，膩的你滿嘴發腥。最好就是放在勺裡，先輕輕咬開一個小口，吹吹，那充滿肉香、蟹香、麵香、蔥香、油香的熱氣在你臉上拂過，沒有吃，心裡就先舒坦了。

上海

四川

四川

艾蒿饃饃

中國傳統醫學裡，很常用的治療養生辦法之一就是「針灸」，實際上是指兩種方法。一種是下針在穴位上，一種是用艾草乾製以後，點燃以暗火燻灼穴位，即為「艾灸」。艾灸之所以療效顯著，除了取穴，更是因為艾草有芳香油的揮發和它發出的熱量是遠紅外能量，可以直達人體深處。

艾的作用遠不止於此，在國人心中，其實它是上通鬼神，下入腸胃的東西。端午節很多地方都要插艾草於門口，或者用艾草做成香包，都是為了避邪除穢。而四川，別出心裁，他們還喜歡食用艾草，最常見的是艾蒿饃饃。

能採摘來吃的艾草只在春季裡才有，一般都是清明前後，要吃的部分是新發出的嫩芽，帶著很細小的絨毛，彷彿綠色的葉片上有層白粉。最簡單的是油炸艾蒿饃饃。是把艾草洗淨，略微燙一下，然後切成小段，調好糯米粉和稻米粉混合的麵漿，將艾草碎放入拌勻，然後用勺舀入熱油中，略微停留，勺和粉漿自然分離，慢炸一會，就會浮起圓形的薄餅形狀的艾蒿饃饃，炸成色澤金黃，就可以出鍋。可以用竹籤穿成一串，邊走邊吃。

傳統上比較講究的是蒸製的艾蒿饃饃，形狀和普通饅頭類似。一樣也是稻米粉和糯米粉兩摻，但是尤其要注意比例。如果糯米粉多了，吃起來太黏牙；如果稻米粉多了，成型比較麻煩，另外口感很硬。米粉摻好後，用燙艾草的水和好，也同樣加入艾草

碎揉勻。餳的過程中，可以做餡。一般是四川臘肉餡的，也有豬肉芽菜餡的。餡做好後包入艾草米粉皮中，做成饅頭型就可以上鍋蒸了。但是蒸之前，要拿曬乾的玉米外皮包裹饃饃，然後蒸熟。在蒸的過程裡，艾蒿饃饃的香氣會逐漸散發出來，先是艾草的特殊的帶著清氣的香，然後是餡料的味道，十分誘人。

艾蒿饃饃本身來說不難做，難的是準備原料的心意。用來包裹饃饃的玉米外皮，要頭一年夏季吃玉米後，留下曬乾保存好，在頭年的夏天就要為第二年春天做東西而準備。其實不僅僅是艾蒿饃饃，中國小吃之所以長盛不衰，唯一的祕訣就是格外的用心。

冰粉

我不愛吃果凍，因為覺得那是小孩子的食物。不過我倒是很喜歡吃冰粉，它是西南地區的「鄉土果凍」。「冰粉」這個名字很奇怪，因為它既不是冰，也不是粉。冰粉是冰粉籽做的食品。冰粉籽是長在一種草上面的種子，這種草在四川、雲南等地是很常見的，在田埂上可以長到半人高。

四川

它會開藍紫色的小花，雖然不像薰衣草那麼濃豔也沒有那麼香氣迷人，可是等花謝了，花托膨大，裡面會長出比芝麻還小的小點點的綠色種子。把這些小傢伙收集起來，等到曬乾了，就變成一身古銅色的皮膚，這就是可以做冰粉的冰粉籽了。

做冰粉還需要另外一樣東西，就是石灰。把石灰充分的運用到食物製作之中，大概中國人已經發揮得隨心所欲。我的朋友喝液體鈣的時候，總會一邊喝一邊皺著眉頭說：「好像吃牆似的」。這時我就想，外國人在食品方面總是用不好石灰。

做冰粉的時候，把冰粉籽包在紗布裡，打一盆涼井水（自來水也可以，但是不能用涼開水，我也不知道為什麼，反正用了涼開水就做不成）浸潤了，然後使勁用雙手搓，慢慢的你會看見一團團絮狀的東西在水裡飄散開來。等到什麼東西也搓不出來了，就把調好的石灰水倒入盆裡，不用太多，可以試著倒，然後攪拌一

下，等一會，就會看見凝成的透明的結塊。等到全部凝成了，冰粉的主料也就做好了。

冰粉本身沒有什麼味道，可是它的質感真的非常誘人。它不像果凍那麼硬挺，而是顫顫巍巍的，好像一碰就要散開，可是又有一些彈性，像是水快要變成固體的狀態；而又透明，彷彿水晶，可是內部又有層次。吃冰粉，一般就是澆上紅糖汁，喜歡更冷的，還可以撒上碎冰。小女孩們有時候也會倒上牛奶或者椰漿，然後拌上紅紅的西瓜丁、瑩白的梨子丁；再講究些的，會加上滋陰的枸杞子，撒上補鋅的黑芝麻。

冰粉也常和涼宵同吃。涼宵不如冰粉常見，此涼宵非「天涯霜雪齊涼宵」之涼宵，沒有那麼淒幽悲憤。而是米粉製成小段，倒如小的白色湖蝦，我因而更願意叫它的另外一個名字——「涼蝦」，形象生動，食之意也。冰粉涼蝦常共居一器，本身都無味，在大理要加已經煮好的糖漿吃，

糖漿是用紅糖和玫瑰花瓣製成，色赭醬，味甜香。

豆花麵

豆花麵在四川也有，在貴州也有，不過好像雲南我沒見過。要吃豆花麵，得先有豆花。豆花在北方就是豆腐腦，我們山西也叫老豆腐。所以你看中文真的很奇妙，同一個東西，說它嫩也對，說它老也不錯。

接著說豆花。豆花是比較嫩的豆腐，老豆腐或者豆腐腦也是比較嫩的豆腐。有的人非說豆花不是豆腐腦，理由很多，什麼豆花可以用筷子挑，豆腐腦不行。其實做豆花和做豆腐腦乃至做豆腐，不外乎就三個元素——黃豆漿、水、凝固劑。水的

四川

多少和凝固劑的稀稠影響最後成品的老嫩，相對於豆腐來說，豆花和老豆腐都是嫩的。不過原來北方多用滷水點豆腐，南方多用石膏點豆腐，但是任何事都不能絕對，安徽八公山豆腐發源地的豆腐是用滷水點的，而貴州豆花是用酸水點的。至於現在，很多都用葡萄糖酸內酯（豆花凝固劑）來點，南北區別不大。

貴州豆花麵基本都是帶湯的，麵條是加鹼的扁寬形狀，下鍋煮熟後，以豆漿為湯，上蓋嫩豆花，另加辣椒水一碟，辣椒水有講究，有素、葷兩種，素的以辣椒為主，加上蔥、薑、蒜、草果油等等，葷的除了辣椒，還有肉丁、雞丁、碎花生、蝦米等，把豆花與麵挑入辣椒碟中吃。四川的豆花麵是不帶湯的，豆花也是在上面，加上辣椒油、炒黃豆、榨菜丁、香油、醬油直接拌著吃。

其實，每個吃過豆花麵的人估計心裡都有一個自己認定的豆花麵的味道，這個味道和其他很多東西一樣，在你的心裡，永遠是一團不可觸摸而又隱隱約約的情愫。

肥腸粉

　　魯迅先生說過，汗有香臭之分 —— 既有林黛玉妹妹的香汗，也有焦大叔叔的臭汗；如此類推，這腸子大概也有區別 —— 有的人俠骨柔腸，好比楊過；有的人腦滿腸肥，這就不舉例子了；有的人滿肚子花花腸子，比如西門慶大官人；有的人喜歡吃肥腸，比如李韜我。

　　肥腸大概也是下里巴人的東西，根據笑林先生說過的相聲 ——「這肥腸好啊，也叫大腸，就是緊靠肛門的一段腸子……」，脫離所謂的精細肉部位太遠，不為菁英階層所喜；加

之這肥腸的異味也不小，又要多用辣椒類烹製，吃時滿頭大汗，大概流出來的也是臭汗，所以只為吾輩俗人所好。

　　肥腸是下水的一部分，外國人多是不吃的，就是聽見說也要搖頭，彷彿貴族看見腌臢潑才（骯髒的無賴）；不愛吃的也要滿面悲憤，因為肥腸從味道上來說類似於臭豆腐，愛吃的人才覺得香，不愛吃的掩鼻疾走避之唯恐不及。

　　因為肥腸有異味，所以整治肥腸是個大事。會做肥腸的都是各自有各自的絕活，我所知道的有一種效果比較好，也不難操作。就是把肥腸用麵粉加鹽細細的搓了，再用清水沖乾淨，然後鍋內加了蔥薑飛水，最好再放一些啤酒，這樣整治過的肥腸，不僅異味全無，做好後還濃香撲鼻。吃肥腸粉，不僅在乎這口肥腸，還有粉。肥腸粉的粉一定要用地瓜粉，這樣煮出來才能吸滿香味，又有韌性，還半透明的晶瑩。

四川

吃肥腸粉有個絕配 —— 牛肉鍋
盔。尤其是四川軍屯的牛肉鍋
盔，金奶油亮，外皮酥脆，牛肉餡味道濃
郁，帶著香麻、鹹鮮，吃一口肥腸
粉，正油辣得過癮，再吃一口牛肉鍋
盔，上一股香味還沒有散掉，下一股
香味已經蓬勃而至，真讓人滿足。

紅油抄手

餛飩，四川人稱「抄手」也。餛
飩這個東西挺有意思，古代中國人認
為這是一種密封的包子，沒有七竅，
所以稱為「渾沌」，依據中國造字的
規則，後來才稱為「餛飩」。西漢揚
雄所作《方言》中提到:「餅謂之飩」，
餛飩是餅的一種，差別為其中夾內
餡，經蒸煮後食用；若以湯水煮熟，
則稱「湯餅」。餛飩的發音用粵語說
近似「wantan」，所以在廣東，餛飩
叫做「雲吞」。而在四川，餛飩就叫
「抄手」。抄手怎麼理解？不是抄著手
什麼也不幹，是因為餛飩包製的時候

是兩邊往起合攏，抄手在這裡做「包抄合攏」的意思，就像老北京的官宦人家有抄手遊廊，就是院子兩邊有遊廊由兩邊往裡合攏的意思。

餛飩種類很多，而且遍及大江南北，比較特殊的，上海有薺菜餛飩，蘇州有雞絲餛飩，廣東有雲吞麵，北方有羊肉餛飩。不過四川的特色鮮明，帶著四川特有的紅亮舒爽，乃紅油抄手是也。

四川的紅油是我多次稱讚過的，萃取的技術超一流。紅油的做法各家有各家的祕訣，但是都很複雜。川菜中的紅油不是單純的辣椒油，是一種複合香油，一般都選用花生油作為基礎油，因為花生油格外香一些。然後加入辣椒碎、草果、胡椒、花椒、蔥、大料、芝麻等等，慢慢熬製，直到把各種香料裡的香氣全部萃取到油裡的時候為止。紅油抄手是不帶湯的，把抄手煮好，碗裡放少許鹽、花椒粉、香蔥和紅油，兌上生抽和少許醋，放兩小勺骨頭湯或雞湯，放入抄手就成了。

做好的紅油抄手，皮薄餡嫩，湯汁辣味十足，爽滑鮮香，香濃味美。你是吃一碗啊，還是吃一碗啊，或是吃一碗啊？

四川

煎蛋麵

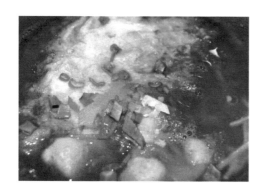

煎蛋麵，原來一般作為「打間」用，就是家裡來了客人，既不在午飯點上，也不在晚飯點上，在這間隔期間，不能讓客人餓著，來碗煎蛋麵，快捷、味好、暖人暖心。

在成都，早餐我最喜歡的就是煎蛋麵。煎蛋麵的用料雖然簡單，可是都十分對路——雞蛋煎成略帶焦糊邊的，看著就很香；番茄要多一些，煮得湯裡紅彤彤的，酸酸甜甜好開胃；麵條也不用手擀，素麵就行了，連湯帶菜帶麵，一碗下去，昨夜黑啤帶來的搖擺、今晨大霧籠罩溼溼的惆悵，盡皆消散。

煎蛋麵雖然簡單，卻也馬虎不得。蛋煎好後，一定要加湯煮一會，才能把雞蛋裡的小油滴煮成白白的湯色，而煎蛋的香氣也進入了湯裡，如果不煮，就不是煎蛋麵，只能說是一碗麵上加了個煎蛋。還有要注意番茄下鍋的時間，快出鍋前再下入番茄，滾幾下，紅色的氣勢一起便可出鍋，久煮就沒有了番茄的意趣。

可惜，這次的華興煎蛋麵，沒有了跑堂的得意叫賣聲——那種此起彼伏的「煎蛋麵，二兩，白湯」、「三兩、紅湯」的快意感覺，煎蛋也沒有煮過的香味，倒是番茄的量還夠，可是終歸有所欠缺，坐了一會，平添惆悵。

簡陽羊湯

　　我有一位朋友，是北京電臺的編輯，他超級愛喝簡陽羊湯。說到羊湯，我們山西人也是鑑定高手，因為我們的羊湯也是很出名的。經我親自「以身試法」，果真，簡陽羊湯味道好極了。

　　傳統的四川簡陽羊湯分清湯和白湯兩種。清湯即清水直接加羊肉煮熟；白湯就複雜了。煮羊肉前先煮羊骨架，直到熬製湯呈乳白，感覺黏稠時下調料，然後再煮羊肉。不管清湯、白湯，能把膻味壓住的就是好湯，不僅要沒有膻味，還要提出

四川

香味來。

實際上，做任何羊肉食品，首先最重要的是羊好。內蒙的羊好，因為經常吃沙蔥，所以膻味極小，這才能做白水手把肉，否則還不膻死你。簡陽山羊的膻味也小，同樣得益於環境，簡陽的野生植物眾多，其中很多是中草藥，簡陽山羊就是吃這些長大。另外，近幾十年來，簡陽羊湯的做法越來越講究，人們將切好的熟羊肉回鍋爆炒，再加進一些調料，味道比原來更鮮。

做簡陽羊湯，先單獨煮好羊肉，然後準備回鍋爆炒。羊肉入鍋爆炒前先放入兩條鯽魚油炸，那魚羊一鍋，活脫脫是鍋裡煮著一個「鮮」字了。炸好了鯽魚，接著用鹽、胡椒粉、茴香粉爆炒羊肉，鍋氣起了，就加入老羊骨湯和剛才炸過的鯽魚一起煮，煮到湯濃稠白，就可以盛在碗裡了。吃的時候，要準備調味碟，四川人叫「打個海椒碟子」，裡面是蔥花、辣椒麵、鹽、花椒粉等等，但是唯獨沒有香菜。簡陽人認為，香菜味道過於濃郁，反而遮蓋了羊湯的鮮美。

一碗簡陽羊湯，湯質奶白，稠濃發黏，好像有膠質般，羊肉細嫩、肥而不膩，喝到胃裡，舒舒服服渾身發散暖意，令人很久之後仍然十分懷念。

冷串串

我喜歡川菜,但是倒不怎麼愛吃麻辣燙,類似形式的更愛吃冷串串。冷串串也是用竹籤串起各種葷菜素菜,但卻是事先就煮好的,泡在調料湯裡,冷的直接就可以吃,所以叫冷串串。我覺得冷串串和麻辣燙的

區別就在於溫度,麻辣燙燙得嘴裡直發麻,一邊大呼過癮,一邊實際上什麼味道也嚐不出來,只記得又辣又燙又麻。而冷串串因為是涼的,會讓你更從容地品嚐,各種不同食材的味道、調味料的味道,慢慢地在嘴裡散發開來。

做冷串串要比麻辣燙難一些,因為俗話說「一滾當三鮮」,熱菜總是比涼菜容易出味道的。冷串串因為原料就是清水煮熟,放涼備用,所以,關鍵是調料的製作。做調料時,鍋內要放入菜籽油。菜籽油不要太精煉的,那樣反而少了菜籽油特有的味道。然後再加點水,燒熱放入白糖炒糖色。水油炒糖色,是最好掌握的方法,等到糖色變成焦黃就可以了。立即放入蒜末、郫縣豆瓣、辣椒油、花椒、芝麻,略為炒炒,馬上加入熱的骨頭湯或者雞湯。再煮一會,就可以關火了。然後把已經煮好的串串,泡進去就可以了。一定不要等串串完全放涼再泡進調味汁裡,略為溫熱的食

四川

材會有肉眼看不見的孔洞，可以慢慢吸收調味汁的香氣，等到完全涼了就很難入味了。

　　也有講究的冷串串，上面還要加一層藤椒油。藤椒是青花椒，乾花椒重在麻，青花椒重在清香。用熱油澆青花椒幾次，然後把青花椒在油中浸泡，冷串串的調味汁上面，再淋上一些青花椒油，香氣中自有一股山野的辛冷，味道妙不可言。

　　有意思的是，在四川，味道好的冷串串店，好像大多叫做「某某太婆」、「某某大姐」、「某某二姐」，也真是四川特色呢。

牛肉鍋魁

　　鍋魁是種麵餅，大江南北都有，不過牛肉鍋魁一般是四川才有。

　　鍋魁在北方，一般是寫作鋼盔的「盔」。據說鍋盔的起源，是來源於古代戰時行軍繁忙，士兵們無法正常吃飯，而在路上炒菜、做湯均不方便，又要保證糧食做好後不易腐壞，隨時可以食用。後來，人們用麵粉、鹽和水活好後，摘下頭上的鐵頭盔，把面沿頭盔內壁貼好，直接架在火上烘烤，做出的餅子乾而香，並且耐儲存，打仗間隙隨時可以拿出來補充能量。因為是以頭盔作為鍋來烤的，

就叫做「鍋盔」。北方的鍋盔傳統上來說都很大，我見過直徑 50 多公分的，因為鍋盔可以作為北方人民的主食之一，而且也比較厚，水分含量非常少。

鍋盔到了南方，因為南方仍然以米飯為主，鍋盔就迅速的縮小的。在南方，實際上更多的人把鍋盔寫作「鍋魁」，因為已經沒有了以頭盔作鍋的傳統，而更多地認為鍋魁是餅子裡面最好吃的，乃魁首也。

四川的牛肉鍋魁確實很好吃，對我這個北方人充滿誘惑力。製作牛肉鍋魁，先把麵粉加酵母，用清水揉勻；之後要使勁地揉壓麵團，然後另取麵粉用油和麵，把兩種麵團再揉勻。之後把牛肉剁碎，加上花椒粉、辣椒粉、胡椒粉、蔥花、鹽使勁拌勻。把麵團搓長條後切小塊，擀成長橢圓片，把肉餡抹在上面一層，然後把麵皮捲成螺旋狀，肉餡包在裡面，按扁放入餅鐺中，加油兩面煎得焦黃即可。

牛肉鍋魁雖然用料簡單，可是吃起來有奇香。下次你去成都，如果你看見錦裡有人拿著牛肉鍋魁邊走邊吃，還作陶醉狀，那個人，有可能就是我。

四川

燃麵

　　中國傳統的飲食，實際上都是重油的。油多，不光是味覺上更油潤，油脂的分解也是香氣的主要來源，更關鍵的是，油多不壞菜，油脂是有利食物的保存的。所以，我去探尋茶馬古道時，老一代的馬鍋頭告訴我，他們那時候最好的食物就是大理喜州油粑粑，露天條件下可以一兩個月不壞。

　　四川菜走遍天下，我覺得其中一點，沾了善於運用油脂的光。其實我想說的是，不管葷油素油，對人體沒那麼可怕。只要你活動的消耗量和攝入的食物能量是平衡的，那就沒有任何問題。我小的時候，一代人都吃豬油拌飯，沒有血脂高的。自然的東西嘛，沒什麼可怕。可怕的是不自然的東西。我一個特注重養生的朋友，經常跟我說少吃油少吃肉，一邊說這個話，一邊吃纖維餅乾，我無奈地告訴他，你已經吃了不少起酥油了，都是反式脂肪，是人體分解不了的。

　　燃麵其實起源於四川，但是我在湖北見到不少，而且頗有發揚光大之

162

勢。燃麵就是麵條用火點可以燃起來，不光靠麵粉本身，裡面有不少油。燃麵的麵條一般比較薄，也是扁形，煮熟後撈起時一定要在笊籬裡甩得水分很少再放入碗裡。把菜籽油煉熟，趁熱倒入碗裡，把每一根麵條都沾滿油拌勻。然後淋上醬油、辣椒、芽菜末、炒好的碎花生、蔥花就可以吃了。

　　燃麵吃起來，不僅香味撲鼻，最關鍵是每根麵條好像都有生命力般，靈活的、順滑的往你嗓子眼裡鑽，我一般都會連吃兩碗，然後才無限留戀的起身。

傷心涼粉

　　客家，是個很有意思的群體，因為它並不是一個民族，而是漢族的一部分，但是它又非常的神祕。早期的說法是客家起源於福建，但是我翻閱了不少資料，最新的研究是認為客家發源於南京。所謂客家人，是指在中國歷史上，因為戰亂、貶謫、經商等原因從中原大規模直接遷徙定居到南方的先民後代，他們現在多定居在閩、粵、贛地區或者旅居海外，形成了自己獨特的文化。歷史上客家先民第一次大遷徙，即「八王之亂，五胡亂華」導致的「五馬渡江」、「衣冠南渡」，其目的地正是當時稱之為建康

四川

的南京。西晉末年，內外交困的西晉朝廷對北方蠻族入侵毫無招架之力，晉建武年間，晉元帝使用王導計策，渡江遷到南京。北方士族也隨元帝渡江，建立了東晉王朝。東晉王朝在北方士民渡江後，在南方設立僑州、僑郡、僑縣，流民「僑而置本土，加以南名」，「客而家焉」。於是在北方流民聚居地建康，「客家」作為一個新興民系正式誕生，並慢慢形成了自己的文化和民俗風情。

但是我怎麼也沒想到，四川是有客家人的，而且有這麼一個客家古鎮──洛帶。洛帶最知名的小吃就是傷心涼粉。在四川，涼粉有黃涼粉、白涼粉等很多種類，黃涼粉是用豌豆做的，色澤金黃；白涼粉是以綠豆粉做的，潔白晶瑩。其他還有米涼粉、蕎麥涼粉（黑涼粉）、地瓜涼粉等等。傷心涼粉可以用黃涼粉也可以用白涼粉做。把涼粉切成長條放入碗中，然後加上小米辣、榨菜末、蔥花、辣椒油、豆豉醬、複製醬油（四川著名醬料）、花椒粉、炒碎花生等拌勻即可。

需要說明的是，小米辣一定要多。這樣你吃下去的時候，才會立刻喉嚨冒火，然後迅速竄到頭頂，額頭冒汗，之後再原路返回，經過眼睛時讓你眼淚汪汪，故名「傷心涼粉」。不過，對我等能吃辣之人，真是過癮。

蹄花

成都是個絕對休閒的城市，這可不是裝的，而是發自骨子裡的那麼一種生活態度，以至於每個到了成都的人連腳步都不由自主的慢了下來。而我，歷來都把成都當成補充能量的棲息地，其實一碗簡單的廖老媽蹄花就足以讓我「小宇宙」爆發。

中文很神奇，一隻豬蹄子，原始些的就叫做蹄子，雲山霧罩些的可以叫做豬手、豬腳，反正對於一頭豬來說，手腳區別的意義不大，前後還是有不同的。在武俠小說裡，從佛經裡演化的武功，很多都叫做「××

金剛手」，取金剛至陽、無所不摧之意。中國傳統文化裡，很在乎「一元論」，即陰中有陽、陽中有陰，並不是非陰即陽，因此，剛柔也是一樣的，至柔者至剛，所以道家說「上善若水」，洪水可以摧枯拉朽，泉水可以潤物無聲。

廖老媽的蹄子，不對；廖老媽的豬蹄子，還不對；廖老媽做的豬蹄子，絕對屬於精神上升到較高層次而物質表現上貼近普通大眾的那一種。你要一碗蹄花，如果沒什麼廢話，就是家常蹄花。家常蹄花盛在一貌不驚人的仿瓷餐具裡，整隻豬蹄披掛上陣，湯濃稠潔白，表面微泛油光。深沉者都有內涵，用筷子一戳，骨肉分離，連皮都顫顫巍巍，及至入口，雖不蘸料，毫無肉食腥氣，也不油膩，連吃幾口，小骨頭都不吐渣，稍一停頓，嘴唇黏連，而口腔裡香氣連綿不絕。這隻豬蹄子絕對灌注了化骨綿掌的功力，而又如金剛手般迅速摧垮人的意志，讓胃部服服貼貼。之後，再

四川

把湯汁灌下，連著煮成糊狀的四季豆，真的是先是瀑布沖洩之勢，後有綿綿集水之功，讓你的胃裡溝溝坎坎都那麼舒服。

正回味間，小朋友點的口口脆上桌了。是我喜歡的濃郁的麻辣味道，伴隨著川菜特有的油脂散發的香氣——其實我一直覺得香水公司應該像川菜學習，萃取香料的本事川菜是有獨特之處的。口口脆是什麼呢？成都滿大街的兔頭我是不碰的，那一個個兔頭凹下去的兩個大黑眼窩彷彿控訴著什麼，看著讓我就沒什麼欲望。但是兔肚可是我的喜愛。肉裡面能做成脆嫩的不多，一推鴨腸，二推兔肚。廖老媽的兔肚，大大咧咧一缽，確實片片脆嫩，對得起「口口脆」的名字。

大隱隱於市，很多美食高手都是要去尋找的，而也必定會有一些過人之處，滿足你那說大不大、說小不小的蓬勃饞意。

166

甜水麵

在四川的麵裡，我喜歡吃擔擔麵、燃麵、煎蛋麵，尤其喜歡吃甜水麵。甜水麵有點意思。甜水麵的麵是手擀的，約筷子頭粗，具有筋力。你一看，這是男人的麵。佐料有辣椒油、花椒、醬油、蒜泥、芝麻醬、蔥花等等，是不帶湯的。而且甜水麵裡放的辣椒，是四川最辣的自貢朝天椒，不是一般川菜裡為了紅色而放的不太辣的「二荊條」。可是一吃，你會很奇怪，這麵條怎麼辣裡帶著甜，這辣、這甜，本來是風馬牛不相及的味道，怎麼卻組合的這麼好、這麼自然？這難道是小姑娘們吃的麵？

不錯，顧名思義甜水麵裡有糖，

而且糖還不算少，可是卻不是直接放在麵裡那麼簡單的。麵裡的糖漿是個點綴，但是更主要的糖，在醬油裡。甜水麵的醬油一定要用複製紅醬油。

複製紅醬油，是把普通醬油裡加上香料包和紅糖一起熬製過的。香料包裡一般有大料、桂皮、甘草、山奈、茴香、花椒、生薑，和醬油燒沸後，改用微火保持微沸，要一直熬到醬油收濃，有黏稠的感覺時，撈去香料包，放涼就可以了。

吃甜水麵的時候，要用筷子先拌勻，這時候的甜水麵呈現出深黃色帶紅，上面還有若干炒芝麻，送進嘴裡，先是麵的嚼勁，你還沒回味呢，舌頭上立時感應出一種火辣辣的感覺，然而在強烈的辣味刺激裡，卻突然逆流而上湧出一股回甜，然後是

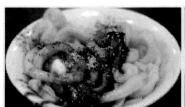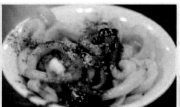

四川

芝麻醬的香和油滑，然後是蒜末的香
氣。這個時候你看周圍，別管是男人
還是女人，都在豪氣頓生地吃甜水
麵，臉上泛紅，額頭冒汗，可是心裡
卻一定是比糖還甜的。

臺灣

臺灣

棺材板

棺材在中國，一般不是個好東西。因為傳統的中國人，最終的結局要不是「城外一個土饅頭」，要不就是「三長兩短」。什麼是三長兩短？棺材的兩個側面加個底，是「三長」，兩頭兩塊木板是「兩短」。所以，棺材要嘛是個兇兆，要嘛是個無法回頭的悲壯——所謂馬革裹屍、抬棺上陣。

不過是好是壞，其實全憑自己怎麼想。原來老話說：「吃在廣州，住在杭州，死在柳州」，因為廣州吃的多，杭州環境舒適，柳州棺材做得好。後來這種忌諱就演變成好事了，

怎麼說？棺材棺材，「升官發財」啊。所以在柳州，甚至還有富豪在辦公桌上擺放一個精緻的小棺材，把它作為一種吉祥物。不過我跟他聊天時，還是一邊說話一邊瞅那個小棺材，鄉土文化不一樣，我還真有點怕。

我唯一不害怕的「棺材」是臺灣的棺材板，而且可以說是我非常喜歡的食品。什麼食品形狀最像棺材呢？大白吐司麵包。臺灣的棺材板是誰發明的，我不得而知，不過據說改良定型的創始人是許六一先生。說了半天，到底什麼是棺材板？其實是將厚吐司炸酥挖空，變成一個油酥的長方形容器。然後填入牛奶麵糊、雞肉、馬鈴薯、青豆仁、蝦仁、花枝等，最後將挖去的麵包皮蓋上，因其外形很像棺材，於是就決定命名為「棺材板」。

吃棺材板一定要趁熱，金黃的外皮散發穀物的醇香，裡面爽滑的肉餡和花枝的彈牙柔韌，白稠的醬汁不時升起濃郁的香氣，味道是鹹中帶

甜，奶香撲鼻，真的是匠心獨運的一
道美食。

九份芋圓

　　在臺灣，我很多時候會點九份芋
圓。九份是臺灣的地名，之所以有這
麼一個奇怪的名字，是因為最早這裡
只有九戶人家，外出到鎮上集中採購
物品的時候，每樣都會要「九份」，
時間長了，人們就把這裡稱為「九
份」。九份在臺灣，總是帶著一點悲
情。在光緒年，九份發現了金礦，
迅速成了淘金客的樂園，一度繁華，
號稱「小香港」。後來日據時期，這
曾經的淘金小鎮，變成了日軍欺壓戕
害勞工的悲傷之城。而到了一九七○
年代，九份的金礦宣告枯竭，繁華散

臺灣

盡，人去城空。再後來，藝術家們發現了九份這個靜謐的天堂，於是在不斷的宣傳下，九份現如今重新煥發了活力。

　　走在九份的街道上，尤其是雨夜，我曾一度恍惚是在香格里拉的獨克宗古城。這兩座小城都是依著山勢而建，狹窄的街道、略陡的石階，高高低低、彎彎曲曲、柳暗花明。而九份的紅豆湯芋圓也很有名，是堅持傳統的手工食品。芋頭去皮煮熟按壓成泥，加上糖、地瓜粉和太白粉拌勻，沒有太白粉就加點普通澱粉。然後加冷水和揉成團，稍微放一會讓材料和水充分融合，然後就可以搓成條再切成小段，所以九份芋圓實際不是圓形的，而是長圓形的小塊。紅豆要另外煮，通常會加點桂圓，一定要煮到豆子軟爛，再加入芋圓一起煮，等到芋圓一浮起來，就算做好了。做好的九份芋圓，芋圓特別的 Q，紅豆燒得特別的沙，還會放花生來提香。夏天也可以加些冰塊，喝一口，清爽到心田。

滷肉飯

　　我愛吃臺灣的滷肉飯，吃完之後，嘴唇都是黏的，合起來不使勁你都張不開。如果你嫌誰話多，倒是可以使用這招，請他吃臺灣滷肉飯，不傷和氣，卻能清淨。

　　不過我的朋友 Alice 卻叫它「肉燥飯」。她是臺南人，後來我才知道，雖然食材和做法都差不多，不過在臺灣，北部人叫「滷肉飯」，南部人多叫「肉燥飯」。說差不多，那就還是有些許不同。滷肉飯的肉一般都是肉塊，像紅燒肉一般，而肉燥飯，實際上是肉燥子，是碎肉末而已。

滷肉飯要想好吃，除了精選好的豬肉，關鍵是「滷」。和百年老店經常宣傳自己的老湯幾百年薪火不滅一樣，臺灣的滷肉飯老店也愛宣傳自己的老滷。基本的方式就是展示一口老鍋，一定是幾百年不洗的，甚至鍋裡會有一個老滷形成的鍋殼。但是除了老滷，滷肉飯要想好吃，一定還要有特別的配料，一個是紅蔥頭，一個是冰糖。前者讓肉充滿異香而又不辣，後者讓肉格外的光亮油潤。而至於肉燥飯，改良版的更合我意，是以碎豬蹄肉代替一般豬肉末，以滷豬腳的黏湯取代了一般的五花肉滷汁，膠質滿溢，汁香濃稠，更是香得不得了。

吃滷肉飯，也不是光讓你吃肉和米飯。一般會配一鍋滷好的雞蛋，還有一碟燙好的青菜，時間也不長，帶著新鮮的水靈感。也有醃過的小鹹菜，不過並不很鹹。還要配碗湯，最好是白蘿蔔片熬的，最是鮮甜，解膩消食，讓你滿足的不得了。

燒仙草

我在飲食裡有很多固執的癖好，這些喜好都以「我愛……」直白潑辣地表達出來，比如蔓越莓，比如曼特寧，比如苔菜，還比如燒仙草。

大概是身體屬於溼熱體質，又偏胖，故而容易上火，我總是喜歡寒性

臺灣

的食物，夏天的涼茶、龜苓膏、苦丁茶都是我的愛物，更愛的是燒仙草。

燒仙草在江西、廣西等地方也叫黑涼粉，主料就是仙草乾。新鮮的仙草是卵圓形或唇形的綠葉子，邊緣有鋸齒，看不出來什麼仙風道骨，等到變成仙草乾，就是細細的枯紫色的莖幹，彷彿連餵馬都不配。而在《本草綱目拾遺》中，仙草是這樣被記載的：「一名涼粉草，出廣中。莖葉秀麗，香猶薔檀，以汁和米粉食之，止饑。山人種之連畝，當暑售之。……夏取其汁和羹，其堅成冰，出惠州府。療饑澤顏。」（卷四，草部中，篇名《仙人凍》）這裡的仙草倒確實有了療饑澤顏的慈悲光輝。

我愛燒仙草，純粹是因為它那特殊的草香味道。把仙草乾在水裡煮到黑濃，用蘇打水一激，就會成為像果凍般的結塊，帶有微苦的香氣，可以加上幾顆金絲小棗、芋圓，撒把紅豆，煮到紅豆綿軟時，就一起撈出盛在碗裡，熱騰騰的燒仙草就做好了。

仙草的苦香彈滑、紅豆的綿軟、小棗的甜美、芋圓的滑糯都融合在一起交替呈現，真的有如仙人珍饈。燒仙草也可以涼吃的，我喜歡把冰鎮後的仙草塊，加了棗花蜜，撒點煮好的紅豆粒，擠半個青檸檬的汁水一起吃下，涼爽宜人，酸、甜、苦和涼、滑、軟混在一起，足可以抵禦夏日炎熱。

燒仙草，不是生在南極靈山上的紫芝，也不是種在崑崙瑤池的蟠桃，還不是凝在離恨天外的絳珠，更不是萬壽山五莊觀的草還丹，但是，在我的心中，它真的是我離不開的仙草。

臺灣牛肉麵

臺灣的很多小吃很出色,大多卻是基於迫不得已的改變。就像臺灣牛肉麵,在臺灣實際叫做「川味紅燒牛肉麵」。這裡面有兩個問題是一環扣一環的,一是「川味」不等於「四川」,二是四川本身根本沒有紅燒牛肉麵。所以這種川味只是臆想,或者我覺得更多的是種懷念。

臺灣是把以前過海那批老兵叫做外省人的,我想其中應該有不少四川籍的人吧。而那時,臺灣本土是很少吃牛肉的。原因有幾個:一是臺灣那時還是農業為主的,經濟並不發達,水牛耕田既是工具又是伙伴,人們不願意吃牛肉;二是當時臺灣基本很少有黃牛。而真的吃水牛肉的話,水牛肉的肉質很老,色澤也很黯淡,並不合用。我想是這些人來了臺灣以後,一方面逐漸融入社會,一方面又在懷念鄉情。就是這樣的逐漸影響,臺灣創造了本土味的牛肉麵。

臺灣牛肉麵澆頭當然全部是牛肉,不過也可以有選擇 —— 牛腩、牛筋或者牛肚,也可以三樣都要。湯很鮮,牛肉味道很濃,裡面還有煮得很軟的蘿蔔,味道甜美;麵條是手拉的,爽滑而帶著筋道。

臺灣本土吃牛肉麵,一般都比較誇張,頗有梁山好漢大口吃肉大碗喝湯的感覺,我倒覺得吃麵就應該這樣。也只有這樣,當我看到眷村文化,聽到了不少海峽阻隔、白髮翹首淚流的故事,也看到近年兩岸交流頻繁後,感慨的心情才由陰轉晴。

臺灣

杏仁豆腐

杏仁豆腐很多地方做，但是起碼我吃到的，不如臺灣的杏仁豆腐杏仁香氣那麼濃郁。而臺灣欣葉做的杏仁豆腐我尤其喜歡。

欣葉的當家人是李秀英董事長，我從未謀面，不過想來不會是順風順水就出來做餐飲的。中國餐飲不論在哪裡，都是「勤行」，不是吃了更大的苦，誰也不會選擇這個。不過，我想大概李女士是溫婉的，然後有知性的堅持，也許像香港的美食散文家李子玉一樣。

欣葉最大的好處是對傳統的堅持，發掘古早味。所以欣葉的杏仁豆腐很費心思，是以南杏仁為基礎，又加了一定比例的北杏仁而做成的。南杏仁是我們通俗所說的甜杏仁，無毒味甜，對於美白和滋潤肌膚特別有好處。北杏仁是我們通俗所說的苦杏仁，是有小毒的，但是北杏仁有異於南杏仁的香，而且北杏仁用於治療咳嗽和平喘。所以北杏仁的量要控制好，並且提前炒過來剋毒性。

其他的是欣葉的秘密，我也不便打聽。但是通常杏仁豆腐都是把杏仁磨成細粉，然後加上瓊脂熬煮，等冷了之後，會凝結成充滿彈性的、白如牛乳的塊。把杏仁豆腐切成小條，加上冰塊和其他水果做成冰品，是夏天最棒的解暑之物。

臺灣和杏仁豆腐味道最接近的小吃是杏仁茶。基本都用南杏仁磨粉，然後用開水熬煮而成。吃的時候配上炸過的老油條，不僅絲毫不油膩，而且空氣中充滿了杏仁的芬芳，沒有吃，彷彿已經覺得自己肌膚勝雪，明眸善睞了。

天津

天津

獨麵筋

麵筋是我很喜歡的一種食材，中國各地應用麵筋的菜也有很多。比如上海很有名的烤麩，用的就是麵筋。臺灣人的時令小菜絲瓜麵筋，也是用麵筋和絲瓜一起炒。

天津的小吃裡很好吃的一種就是獨麵筋。獨麵筋用的麵筋是油麵筋。麵筋從麵團裡洗出來後，如果用蒸或煮的方法弄熟，就是水麵筋；如果是做成小塊放入油裡炸熟的，就是油麵筋。不過獨麵筋雖然用的是麵筋，可不是「單獨只用麵筋而做的小吃」這個意思。「獨」字本是「微燉」的

意思，天津人把「微燉」稱作「咕嘟」，簡練的天津方言把「咕嘟」讀成了「獨」，於是咕嘟麵筋就被叫成獨麵筋了。

油麵筋切塊，下鍋咕嘟，葷素皆可，可以配肉片，可以配海參，可以配蝦仁，當然，你也可以什麼都不配。

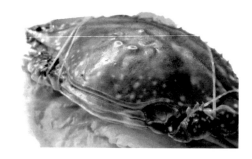

我們說真真正正咕嘟的獨麵筋的做法。將油麵筋劃一個小口，在溫水

中泡 20 分鐘；油鍋燒熱，油溫六成熱時，放入大料慢慢炸出香味，大料顏色發黑即可。撈出大料，開大火，下入蔥薑末和蒜片熗鍋，之後倒入甜麵醬翻炒片刻；將泡好的麵筋倒入鍋中，再把泡麵筋的水倒入少許。蓋上鍋蓋，小火咕嘟十分鐘。倒入蠔油、鹽、糖，翻炒均勻，大火收汁即可出鍋。如果你想吃肉片的，最好在咕嘟前放入，肉味才出得來進得去；如果你想吃蝦仁的，蝦仁提前過油炒好，咕嘟的差不多了再放，然後勾個芡收汁出鍋。

做好的獨麵筋，香氣濃郁，味道也厚，色澤油亮紅潤，特別誘人食欲。

煎燜子

天津人講究「二月二」吃煎燜子。我是山西人，我們「二月二」除了一定要理髮，表示自己也抬頭了，是個好兆頭之外，也吃各種麵食。比如吃貓耳朵，叫「龍鱗」；吃圓細拉麵，叫「龍鬚」；吃小餃子，叫「龍耳」。天津人吃煎燜子，他們管這個叫「龍鱗」，有督促懶龍下雨以利於人們春耕之意。煎龍鱗吃，還要煎得兩面的表皮都發硬發脆發黃，天津人叫「嘎巴兒」。我也好奇，買了一份，吃了一口就笑了，原來是它！

到底是什麼呢？油煎綠豆涼粉塊。我知道的中國叫「燜子」的小吃還不少呢，不過最喜歡的是保定定州的豬肉燜子。我有一個哥們，保定人，北京大廚，回家探親常常帶些燜子回來。保定的燜子是豬肉粉腸，但也講究，只能有山藥粉。加上肥瘦豬肉末灌成腸子，蒸熟了切片吃，色澤

天津

粉白，像是小孩的臉蛋，特別好看。味道也特殊，美妙極了。素的裡面，還真是這天津燜子好吃。煙台、大連也有素的燜子，不是人家做得不好，是用地瓜粉做的，我不怎麼愛吃。

我小時候在山西吃的涼粉就是綠豆粉做的啊。買的時候也是切一大塊，黑綠黑綠的，顫顫巍巍的，可是比一般成卷的涼粉筋道，而且還下火。我問天津人，他們也說燜子下火，春天陽氣剛剛生髮，下火不能太厲害，故而煎著吃，寒熱性質中和，對身體最適宜。

煎燜子要用平底鐺，少加些油，剛開始火要大些，略一定型，就改成小火，要有耐心，慢慢地煎到兩面微現焦黃發硬。盛到碟子裡趁熱澆汁，傳統上都是麻醬汁，加上蒜泥、醋、醬油、鹽等等，現在加的調料就比較豐富，我看不少年輕人都加油辣子，好這一口兒。煎燜子可以直接吃，也可以佐以主食大餅或燒餅食用。煎燜子，我看了幾家，有的是長方條片狀，有的是方塊，有的是大塊，看起來真是鄉土小吃，追求的是味道，其他的都可便宜行事。但現在可能都沒那耐心，煎得表皮不夠硬，還沒吃到那個口感，就一團黏糊散了攤子，不過依然有濃郁的綠豆涼粉特有的香氣，混合了麻醬的香、蒜泥的辣，在清鮮中拉出一幅兒時的回憶畫卷。

西藏

西藏

石鍋雞

石鍋雞，不是汽鍋雞，是西藏魯朗的名菜。石鍋雞應該是石烹法的子遺，而石烹法，在美食裡絕對是一個輪回。它的偉大就在於以烹製技法的輪回昭示了人生的輪回。那是一種返璞歸真的情趣，讓我們親眼目睹食物由生變熟或者由熟變香的巧妙變換，已經超越了食物本身。

當然到了今天，這塊石頭在歷史的洪流中還是發生了很多形態上的變化。最接近原始形態的大概就是西藏的石鍋了。西藏的墨脫是出產石鍋的地方，通常用蛇紋石等較軟的石頭鑿成，鍋的兩端中間部位都留有兩個端手，便於端鍋。石鍋上下基本一樣粗，壁薄底厚，整體呈深墨綠色，外壁還有斜著的鑿痕。石鍋因為散熱慢，發熱均勻，烹製出的食物特別有醇厚的滋味，也特別適合燉製湯鍋類食物。

魯朗石鍋雞之所以有名，就是因為選用了墨脫石鍋。墨脫的交通非常不便，一直沒有公路，政府出資試驗了多次，每次都以塌方、風化、地基斷裂而使公路名存實亡告終。所以從墨脫把石鍋運到魯朗，全憑肩扛人背。除了石鍋之外，魯朗的石鍋雞選料也很注意。一定要選用土雞，這些高原生長的雞，因為生長緩慢，滋味濃厚，肉質又不顯老。還要加上西藏特產的中藥材 —— 手掌參一起精心熬製，裡面還配有紅棗、薏米等，吃完了雞肉可以涮製蔬菜，雞湯不見得怎麼稠濃，可是那「鮮味和醇香共一鍋」的回味，在口腔裡縈繞不肯散去。

酥油茶

我是藏傳佛教寧瑪派記名弟子，不過前面要加「不肖」兩字。我很以自己的信仰為榮。一次我去雲南雞足山，那裡是摩訶迦葉的道場，也是佛教第五名山，迦葉是禪宗的第一祖，但是實際上禪宗是大密宗的一種修行方式，故而雞足山也是藏傳佛教的名山。在山上我看到一位僧人，覺得彼此有緣，聊了幾句，原來是四川的僧人在此掛單（佛教術語，指僧人投宿寺院），結果覺得清淨已經待了幾年。剛才我在山腰的小廟看見正在獨自誦經的僧人便是他，怪不得覺得面熟。我稱讚他幾十年如一日的修行，他淡淡一笑：「做了些功課，但不是修行。修了就是修了，沒修就是沒修。」說完就離開了，在山路上行走的速度很快，我才一轉念，就只看見他那隨著山風飄飛的衣角。

我才是沒有修行的不肖弟子啊，唯一改變的，是對藏族飲食習慣的接受。我愛喝酥油茶、青稞酒，還有藏式酸奶，也吃奶渣滓、糌粑和犛牛肉。而我第一次進藏的時候，最令我感動的也是酥油茶。

那是在然烏雅則村。我迷路了，實際上我要去的來古村在冰川的另一面。當我站在茫茫草場上茫然四顧的時候，我唯有向我的本尊祈禱，大聲

西藏

地誦念相傳了幾千年的咒語。從對面的山上飛出一隻鷹，在我的頭頂上盤旋然後向遠方飛去，我決定跟著神鷹走，就這樣我來到了雅則村。說是村子，只有兩戶人家，是在這裡修路的。我問招呼我的藏族年輕人姓名，他們平常是不怎麼接觸外界的，故而露出羞澀的笑，在菸盒紙上寫下了「卜住」兩個字。卜住家的生活是清苦的，這很容易看出，然而他便請我喝酥油茶。

酥油茶要先煮好磚茶，然後倒在「董莫（打茶桶）」裡加上酥油、奶粉、鹽使勁地抽提，這樣茶水和酥油才能完全地融合。我注意到一個細節，卜住拿出的酥油袋裡一共只有兩小塊酥油了，他先放了一塊，略微踟躕了一下，把剩下所有的酥油都放了進去。酥油茶打好了，卜住去隔壁屋子拿了新碗，那碗還是用麻繩捆著的一摞。這次喝到的酥油茶，色澤淡褐，香氣特別濃郁，表面浮著油花，喝起來鹹香、順滑、油潤，越到後來磚茶的味道越突出，是我喝到的最好喝的酥油茶。

此後，終我一生，每當我想起酥油茶，我都會為我只見過一面的藏族兄弟祈禱，願你最終回到佛的淨土。

香港

香港

缽仔糕

香港人、臺灣人好像都喜歡吃充滿彈性的東西，實際上我倒喜歡吃黏糯的東西。中國傳統食材裡比較看重的，其實都是黏糯的質感。我們就說四個最知名的食材——燕窩、海參、魚翅、鮑魚。燕窩是金絲雨燕的唾液，本身就是蛋白質，當然煮出來也是黏黏的；海參追求的是軟糯，帶點脆勁的鮮海參其實是賣不上價的；魚翅是鯊魚鰭裡的軟骨，要煮成透明的糯中發韌的絲；鮑魚要溏心，要有膠質感，同樣，不夠軟糯的鮮鮑魚也是不太值錢的。而且無一例外，這四

大名貴食材，本身都沒有任何味道，一切滋味來源於調料。

缽仔糕的口感也是Q的，故而發端於廣東，流行於香港。在香港一般的小食肆，都有缽仔糕可以點。缽仔糕其實像是米粉做的半透明果凍，一般最好用陳米磨漿，現在基本都要加點澄麵。把米漿和澄麵混合，調成沒有小氣泡的均勻的麵糊。配料講究的要用天津產的紅豆，把紅豆要提前泡幾個小時，然後上鍋蒸熟，裡面再化開片糖，和米糊拌勻，倒在一個個已經刷過一層油的小缽仔裡，再大火猛蒸十多分鐘就成了。做好的缽仔糕，晶瑩油潤，細膩嫩滑，豆香米香濃郁，吃起來爽滑，有彈性。而且現在口味越來越豐富，草莓味、玉米味、香芋味、椰子味，甚至水蜜桃味、蘋果味、葡萄味都有了，所以尤其是小孩子和女孩子都十分喜歡吃缽仔糕。

芒果班戟

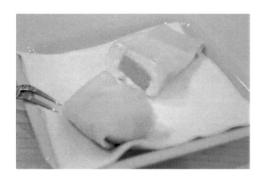

香港是個「其妙」的城市,請注意,不是「奇妙」。因為在美食上,它可以把一切西方的、東方的傳統小吃變成香港自己的,而且真的很「莫名」。比如鳳梨油、絲襪奶茶,當然也包括「班戟」。

我第一次看到菜單,上面有芒果班戟,琢磨了半天,還是不知道到底是什麼吃的。於是只好看下邊的英文,恍然大悟—— 原來是 pancake 的音譯,這種感覺也是「其妙」一次:居然要看英文來理解中文,而原來都是看中文來理解英文的。

即便是 pancake,西方的也絕對不是香港那樣,起碼長得不一樣。pancake 主要是由麵粉、雞蛋、奶油、牛奶製成麵糊,然後用鍋煎成的薄餅。美國、澳大利亞、紐西蘭、蘇格蘭類型的 pancake,裡面加了泡打粉,這個餅煎的時候會比較厚,一般三、四公釐,吃的時候口感跟蛋糕很像,一般是幾個餅疊起來,澆上楓糖漿,作為甜品。也有做得很薄,像是鬆軟的煎餅,疊成扇形,淋上番茄醬來吃的。

英國、法國、義大利、德國這幾國的 pancake,餅基本是軟而薄的,裡面可以包很多東西。有甜的和鹹的兩種:一般甜的有巧克力醬、鮮奶油、水果等很多個組合;鹹的裡面可以放奶酪、蔬菜、培根、蘑菇等多種組合。很像中國的煎餅果子,形狀像個手捲的樣子。

香港的芒果班戟和歐洲的 pancake 很像,也是鬆軟的薄餅,裡面包的是芒果塊和鮮奶油,可是,

香港

它居然是個方的，像個枕頭。

　　它真的好吃。餅皮因為加了蛋黃，顏色也是金黃的，漂亮的像是金色的緞子。裡面包著打得鬆軟得像是雲朵的奶油，還有香氣特殊的大塊芒果 —— 芒果芬芳、奶油濃滑、餅皮香甜。可以了，班戟就班戟吧，它不再是 pancake 了，因為它「很香港」。

新疆

新疆

丁丁炒麵

在新疆，不是像大家想像的手抓飯和饢占了主食的天下，炒麵也是一個很獨特的大家族。新疆炒麵在新疆的麵食小吃中占據舉足輕重的位置，有人說能夠將它推為新疆便利小吃之榜首。在新疆任何一家中小型餐館中，都能找到新疆炒麵。其中很常見的就是丁丁炒麵。

丁丁炒麵既然可以常見，說明它並不難做。最基本的也是最經典的配料只有四樣——洋蔥、青椒、番茄和羊肉。當然要先有麵。最好是高筋麵粉加上少許的鹽，和得稍微硬點，和好之後，最好能餳半個小時以上。

待得麵團充分吸水，擀成一公分厚的大片，再切成半公分寬的長條，捏住兩頭，邊在砧板上彈邊輕輕地抻長，抻到大約筷子粗細，在麵條上刷上油，聚攏在一起切成一公分左右的小丁，放入開水中用筷子輕輕打散，煮兩分鐘左右，大約八成熟時候撈出過涼水備用。

麵算準備好了，就來弄配料。羊肉切一公分大小的丁，加入鹽、醬油、料酒、乾澱粉攪拌均勻後醃製五分鐘。然後把番茄、青椒和洋蔥切成丁備用。燒熱油鍋，油要略微多些，待油七成熱時，放入洋蔥炒香，然後倒入羊肉丁煸炒至肉丁變色脫生，再放入青椒和番茄翻炒。等番茄出水，再加一點醬油，湯汁色澤呈現均勻的紅色後，倒入丁丁翻炒，直至湯汁將乾未乾、麵丁全熟時即可出鍋。

新疆的麵食長的叫拉條子，短的叫二截子、炮仗子，再小一點短一點就叫丁丁了，這是我後來才悟到的。其實剛開始的時候，我和丁丁炒麵結

緣,還真的是在「丁丁」這兩個字。
我小的時候曾經很愛看比利時漫畫家
艾爾吉所創作的「丁丁」系列的漫畫
書,尤其是《丁丁歷險記之藍蓮花》
看了很多遍,印象很深的除了丁丁的
那一綹翹起的螺絲頭髮型,還有那
條叫做白雪的雪納瑞狗。長大了,看
見「丁丁」兩個字就感到很親切。其
實真的是風馬牛不相及的兩件事,卻
能發生奇妙的聯繫,你看,這就是美
食真正的含義:真正的美食永遠不是
只意味著大吃一頓,而是一定在某個
方面觸動了你的心弦。

紅柳烤肉

　　在新疆等地的沙漠中,到了夏
季,往往可以看到一叢一叢淡紫紅色
的花,那就是檉柳。當地人形象地
叫它「紅柳」,我看了看枝條,原來
就是藏族人有的時候入藥,有的時候
用來增加牆壁強度的柳枝。不過在西
藏,因為這種柳枝做藥有很好的抗風
溼的作用,解決了高原生活的大問
題,故而當地的百姓稱它為「觀音
柳」、「菩薩枝」。

　　新疆的紅柳倒沒有類似的說法,
所以一般用來做駱駝的口糧,可是當
地人也認為紅柳是好的,有不知名的

新疆

特殊維生素，會隨著燒烤的過程，從紅柳之中滲出樹脂，進入羊肉中，不僅去膻增香，而且營養價值很好。但是問到這種說法的出處，以及是否有科學實證，都搖頭微笑。

且不管它。紅柳烤肉倒是很誘人，除了確實有一股柳枝條的清香外，紅柳烤肉的架勢是很有氣場的。紅柳枝一般都選食指粗細，太細在烤製過程中易斷；砍得枝條也長，一般都在半米左右。為了插入羊肉，頭部一般都削成鋒利的箭頭，看起來很像古代城牆外防禦的狼刺。羊肉絕對不像其他那些賣燒烤的都是一公分見方的寸丁，那樣子太小家子氣了。一般都會是大如乒乓球，看起來就過癮。

烤好的紅柳烤肉，兩頭靠近肉的部位已經焦黑，但是吃起來羊肉確實格外油滑，清香味道似有若無，完全不同於自然那種質樸的濃郁，在粗獷中帶有一絲文雅，倒是一種奇妙的感受。

紅柳是極耐乾旱的，往往地面上只看到矮矮的一叢，實際上地下要扎根十幾二十公尺，所以，我吃紅柳烤肉還存有對紅柳的敬畏之心。我曾經說過，小吃是一種人間情意。事實上，任何美食之所以吸引人，它一定不是吸引的酒囊飯袋，而是透過展現它背後那一種美妙的情愫，從而得到理解這種情愫的人的認可。只有這樣，這種美食才能保持旺盛的、真正的生命力。

最後順便說一句，紅柳烤肉一定要把紅柳枝條的表皮刮乾淨，這樣紅柳的油脂才能很好地滲入烤肉中。

手抓飯

新疆最知名的美食，除了大盤雞，大概就是手抓飯。手抓飯維吾爾族語言的發音類似於「波牢」，但是也並不像以前我想像的都是羊肉的，還有素抓飯，也叫甜抓飯的。

新疆和土耳其同屬於伊斯蘭教信仰地區，飲食結構也有某些類似。作為世界三大飲食體系之一的土耳其餐飲之中也有手抓飯，其做法和味道都和新疆手抓飯類似，只是沒有新疆那麼好的葡萄乾。

新疆手抓飯往往在集市上撐口大鐵鍋就可以操作，有意思的是，鍋裡還沿著鍋邊斜放一排盤子，一方面是防止米飯黏鍋，另一方面有客人要的時候，直接用盤子盛好就端過去了。

常見的手抓飯是羊肉的。製作也不難，把油鍋燒熱，先把羊排切成小塊用油炸了，也不用熟，表面稍微硬一些即可。然後倒出一部分油，下切成條的皮芽子。皮芽子是新疆對洋蔥的稱呼，也是手抓飯裡必不可少的。待得洋蔥香味泛起，加入羊排塊同炒，羊膻味壓過去之後，放入胡蘿蔔丁和已經泡了幾個小時以上的稻米，加入羊肉湯或者白開水也行，撒入鹽，燜煮 40 分鐘，等到稻米熟了就可以了。出鍋前撒一把葡萄乾，拌勻，一鍋羊肉香氣撲鼻、鹹甜適度的手抓飯就做好了。土耳其的手抓飯不放葡萄乾，但是放香草和肉桂粉，也要放點藏紅花和法國香芹碎，異域風情立刻凸顯。

新疆

紅花染得米飯顏色金黃誘人，但是傳統上的做法米飯都是夾生的，讓我十分頭疼，真不如新疆手抓飯那麼適合我的胃呢。

如果不吃羊肉也可以做素抓飯。只用各種水果乾，比如葡萄乾、杏乾、桃乾等等，味道偏甜，所以也叫甜抓飯。手抓飯還有加料的，一般都是貴客臨門，例如維吾爾語稱作「克備克波糯」的，是在手抓飯上又舀上酸奶，不僅可以解暑，也可以美容、細膩肌膚，深受女生喜愛。最高的一等是「阿西漫吐」，就是在手抓飯上加幾個新疆薄皮包子，那真是說明主人對客人十分重視，把最好的東西都放在一起。所以千萬別小看手抓飯，這道小吃可以變成大餐呢。

我吃過的美食裡，除了新疆手抓飯，還有食材和米飯一起烹煮的，最愛的是廣東煲仔飯和西班牙海鮮飯。不過西班牙海鮮飯雖然海鮮過癮，藏

新疆饢

新疆，在很多人的心裡，也許是縈繞在香妃飄飛裙裾間的一縷香魂；也許是都塔爾彈奏出的輕柔活潑、充滿異域風情的音樂；也許是輝煌如另一個敦煌的克孜爾千佛洞裡神佛神祕慈悲的微笑；也許是蹤跡難覓然而不能從歷史中抹去的龜茲樂舞；也許是和著《十二木卡姆》起舞的美麗少女烏黑的髮辮；也許是坐在葡萄架下戴著小花帽的白鬍子老人；但是，新疆更是那民族美食的香氣結成的樂土。

新疆的美食數不勝數，然而，大多數人都會津津樂道的是饢、大盤雞、手抓飯和饢包肉。饢是新疆最知名的食品，當然花樣也就最多，但主體是白麵或者玉米粉烤製的麵餅，現在嘛基本上是白麵的了。饢是圓形的，最大的叫「艾曼克饢」，需要一公斤麵粉，直徑四五十公分；最小的叫「托卡西饢」，普通茶杯口大小，厚度為一公分，做工最精細；最厚的饢叫「吉爾德饢」，厚達五六公分，直徑十多公分，中間有小窩洞，漢族人叫「窩窩饢」。饢大多用發麵烤製，和麵時要加少量的鹽，但是我也吃過一種很薄的饢，可能就是半發麵的了。把饢添加上羊油就成為油饢；用羊肉丁、孜然、胡椒粉、洋蔥末等佐料拌餡烤製的就是肉饢；還可以在饢上加上雞蛋；也可以做成表面塗了冰糖水，再用牛奶和麵的甜饢。當年唐玄奘大師西去取經，路上就準備了很多饢作食物，作為僧人，他準備的是用芝麻和葡萄汁拌和烤製的芝麻素饢。

饢在新疆的氣候條件下，可以保存幾個月仍然新鮮如初。雖然是很普

新疆

通的食品，可是饢卻在玄奘取經之路
和古老的絲綢古道上發散著無可替代
的香氣。和內地的燒餅最大的不同之
處，我想就在於烤製饢需要饢坑。在
以前，新疆基本家家戶戶都有饢坑，
烤饢也是新疆男人的基本技能之一。
饢坑一般高約一米，坑坯是用羊毛和
入黏土或硝土做成。饢坑周圍用土塊
壘成方形土臺。烤饢時要先用碳火把
饢坑燒熱，然後再把擀好的麵坯貼在
坑壁上，幾分鐘就烤熟了。用饢坑烤
出來的饢，水分含量很少，麵餅格外
的香酥可口，當然也就很耐儲存。
這流傳了兩千多年的食品，自然魅
力無窮。

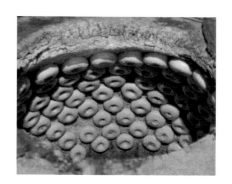

孜然板筋

因為工作的需要，有的時候某些場合我會用一點香水。喜歡的是寶格麗（BVLGARI）海藍男士香水還有高田賢三（KENZO）東京男士香水，這兩款香水的前調都比較淡雅，對於我這樣不敏感的人來說都時常聞不到般的不在意，可是過了八九個小時後，卻往往會在一低頭間聞到了好聞的松木和豆蔻混合的香氣。這也是我喜歡這兩款香水的原因。

大地上茁壯生長的樹木和如精靈般出現的香料都是香水的基本原料呢。除了豆蔻，還有芫荽、香子蘭、

肉桂、藿香，基本上我們常見的一些香料都可以提煉香脂來製作香水，當然也包括伊朗茴香。伊朗茴香在中國還有另外的一個名字，叫做「孜然」。

伊朗茴香在中國生根後，很快得到了維吾爾族同胞的喜愛。時至今日，新疆維吾爾自治區仍然是中國最大的孜然產區，產量佔到整個中國產量的 80% 以上，而維吾爾人的生活更是離不開它。烤包子、手抓飯、烤羊肉串、炒烤肉、饢、烤全羊等等，都必須使用這種香料，而安息茴香用維吾爾語發音，就是「孜然」。

我們平常使用的孜然，是孜然的果實。在結果前，是如煙花般綻放的星星點點的紫色小花，聽說，孜然開花、結果是在同時，一半在開花，另一半開始結果。而那個時候，整個大地隨風送來的都是孜然的芳香。

維吾爾族同胞另一大貢獻就是烤肉串兒。相比知名度更高的羊肉串，我最喜歡的是烤板筋。板筋都是牛的，是牛背上連接全身運動肌肉的主

新疆

大筋，據說一頭成年牛僅有 300 克
板筋。而吃牛板筋，絕對也是維吾爾
族同胞對我們的影響。有了新疆羊肉
串，牛板筋才大量出現在我們的餐桌
上。而孜然絕對是板筋的絕配。每次
老闆烤好了板筋，看見是我，已經多
多放了孜然，而我還會看著他大叫：
「哈里克大叔，再多撒點孜然！」

雲南

雲南

包燒

我在瑞麗，最喜歡幹兩件事。一件事是去淘寶石。淘寶石要去南姑河，這條河道曾經有中國和緬甸開辦的大大小小的幾十個寶石廠，不過，這裡出產的寶石都比較細碎，不可能有很大的利潤，這些廠家慢慢也

就搬走了。而我們就可以真正地去淘寶啦。淘寶石其實很簡單，拿個細孔篩子，再拿把小鏟子，站在河裡，尤其是有石頭的地方，水流會相對緩慢，那些小寶石可能就停留在那裡。用鏟子把沙石挖鬆，用篩子使勁地在流水中篩，去除沙石，剩下的就看你的運氣了。我的運氣還不錯，不到兩個小時，紅寶石、藍寶石淘了大概有三四十顆。經過鑑別，顏色、大小和質地相對好的，鑲嵌了一對耳環和四個戒指。

這第二件事，就是去夜市上吃包燒。包燒，是傣族特殊的一種烹飪方法。顧名思義，它不用鍋具，用天然的芭蕉葉裹好食材，包著在炭火塘中燒熟。瑞麗的夜市上，到處是包燒的攤子。上面掛個燈泡，下面是琳瑯滿目的各種食材，都用方盤子盛著，一個挨一個，可以擺十幾公尺長。你喜歡什麼就直接點了，老闆會放在芭蕉葉上，加上辣椒粉、鹽、香菜籽、香茅草碎、蔥末等等裹勻，仔細

地用草繩包好成為四方形，然後放在炭火上慢慢烤，等到芭蕉葉子發乾，中間碳化了，包燒就烤好了。也不需要盛器，直接解開芭蕉葉子，香味隨著熱氣一下子散發出來，你會迫不及待地伸出筷子，然後嘴裡升起芭蕉的清香、肉的油香、辣椒的辛香、香茅草的香草香等等複雜的味道，美妙極了。

　　記住了，這麼好吃的東西，在傣語裡面叫做「摩」。

餌絲

　　餌絲也許是世界上我唯一一種吃不膩的東西了。我和朋友們說起餌絲來的時候，大家往往會誤解為豬耳朵切成的絲。其實，餌絲是稻米粉的製品。在中國古代，麵類製品為餅；米類製品為餌。餌塊其實就是稻米舂成的薄圓餅子，把餌塊製成絲或者直接用稻米粉做成麵條狀的長絲，就是餌絲了。

　　餌絲的吃法多種多樣。炒餌絲裡面一定要有雲南的酸醃菜，才會有雲南的味道。酸醃菜是用雲南苦青菜醃製而成，炒餌絲裡有酸醃菜的小丁，

雲南

吃在嘴裡，那種酸爽的味道，忽忽悠悠地飄進五臟六腑，讓我渾身都那麼服貼。

煮的餌絲最好吃的是巍山粑肉餌絲。巍山粑肉確有其獨特的味道，是選取剛剛宰殺的新鮮豬後腿、肘子、腹部的三線肉，肥瘦相間，不柴不膩，在木炭上用猛火將外表燒焦，然後放進溫水裡浸泡一下後再將燒燜的毛渣刮洗乾淨，現出金黃透白的皮色後，放入大的砂鍋中，加適量草果、雲腿、本地閹雞肉，用文武兩火煮燉。經過一天一夜，肉爛味濃，奇香撲鼻。寫到這裡，我眼前彷彿都出現了一大碗巍山粑肉餌絲，粑肉香濃，餌絲白滑，配了乾焙的辣椒麵、香蔥花、大蒜汁，真的是滿嘴流涎。騰沖還有一種細餌絲，不需要煮開，只在滾湯裡一燙便熟了，別有一番滋味。

我還愛吃滷餌絲。滷餌絲的味道更濃郁。和炒餌絲的區別就在於餌絲要用肉湯滷一下，把肉汁收到餌絲裡，然後再加入油、鮮肉末、韭菜、甜鹹醬油等佐料，就可以出鍋了。

滷好的餌絲質感會略黏糯，但是味道很香濃，香、鮮、甜、鹹、辣、燙會漲滿你的味覺，讓你覺得原來人生得意須盡歡，盡歡就吃滷餌絲。

過橋米線

　　過橋米線也許是雲南知名度最高的一種小吃。任何小吃，要想流芳千古，一定是含著情意的。過橋米線也不例外，這份情意和過橋有關，而這個橋據說是在蒙自。

　　相傳，清朝時滇南蒙自縣城外有一湖心小島，一位秀才為了清靜讀書，獨自住在島上。他那美麗賢惠的娘子每天送飯來此。秀才愛吃米線，娘子便常常煮了米線送來。可惜路途稍遠，加上偶有風雨，娘子提著籃子走到橋邊時，米線就已經涼了。秀才也不抱怨什麼，畢竟讀書重要，可是

時間長了得了胃病。那時候人們比現在的很多人都聰明，不是得了胃病就吃點溫胃舒、養胃舒，而是一定要在源頭解決問題。這娘子動開了腦筋，她發現雞湯很有保溫效果，都在於表面上覆蓋著厚厚的那層雞油，包住了熱氣不流失。於是她先把肥雞、豬腿骨等煮好清湯，上覆厚厚雞油；米線在家燙好，而把各種配料切得薄薄的，到島上後用滾湯燙熟，之後再加入米線，時間再久一點，也能熱氣騰騰。如此一來，不僅老公高興，當地人也紛紛效仿，因為是要經過橋到島上，於是就把它叫做「過橋米線」。

　　過橋米線的鮮美，在於它是利用了氽燙的技法，而氽燙最適宜保存食材的本味，我們中餐一直說「大味必真」。當然你要有鍋好湯，然後要有好的配料。這個好，首先是豐富。過橋米線的配料真不少啊：有鵪鶉蛋、豆腐皮、魚片、肉片、雞丁、素海蜇、韭菜、豆尖、草芽、芫荽等等，哦，還忘了最重要的，一定要有宣威

雲南

火腿，還可以撒一碟菊花瓣，然後再把米線放進去。這一大碗曾經讓我一個朋友看的發愁，因為按照平時的飯量他絕對吃不了，但是吃了第一口，他就沒有停，等到一口氣吃完了，他才跟我說：「壞了，吃多了！」

雞豆涼粉

　　雞豆涼粉，是用雞豆做的涼粉。雞豆大名「雞豌豆」，後來就簡稱為雞豆。雞豆其實是產自麗江的一種豆子，比綠豆還小，豆子磨粉濾漿冷卻成形做成涼粉就是雞豆涼粉了。雞豆涼粉色澤綠灰，像是山西等地的綠豆涼粉，可是又沒有那麼透亮和有彈性，不過味道也是一樣的好吃。雞豆涼粉可以涼吃也可以熱吃。涼吃可拌醋、醬油、蔥花、韭菜、辣椒麵及大蒜茸、椒麻油，消暑開胃；熱吃是把雞豆涼粉切成不規則小塊，用平底鍋加油兩面炸黃，再加上調料，放點

韭菜、香菜，味道就香了起來。在潺潺流水旁，木桌上一盆開得正好的水仙，吃一碗雞豆涼粉，人生快事也哉！

雞豆本身是靠近麗江屬於大理的洱源縣所產，現在卻成了麗江的名產。這倒沒有什麼，不過麗江卻已經變得我不太認識了。我第一次去麗江，是 1999 年，去了之後，不敢寫麗江，因為怕自己的文筆輕慢了麗江。那時的麗江是心裡氤氳的晨霧，美妙不可言。以後又去麗江，便再也寫不出了，因為每去一次，便離心裡的麗江越遠一分。

麗江已經「死」了，因為它太過繁華。繁華也沒有錯。關鍵是我們在繁華面前往往忽略了事物的本質，所有精神性的東西在這浮躁之中往往被物質所取代。心中的麗江古城已經荒蕪了，沙漠一片。你從麗江新城走進麗江古城，幾乎沒有什麼感覺，因為它們是一樣的，只不過古城換了更為吸引人的裝修。當然也有不同，麗江古城本身已經成為一個大酒吧，因為古城裡已經全部是酒吧，當一個事物的內部已經全部是一個東西之後，這個事物就直接等同於那個東西。所以我想起了和義大利朋友吃披薩時他說的話：「在我們義大利，比薩只有兩種，其中包括瑪格利特。既然你們喜歡必勝客，那也沒關係，但是拜託，別把那些食品叫做披薩。」好的，我想說的是，既然我們喜歡麗江，沒問題，但是拜託，別把它叫做古城。

那麼叫它什麼呢？我覺得「景觀」更合適一些。風景是山水間的大氣抑或人類思想的延續，體現那樣一種懾人心魄的風情，沒有了這些，便少了靈魂，近似於繁華大都市裡、水泥森林之間，人為留出的一片綠，偏又圍在那一方狹小之中，可以近觀、可以褻玩。

麗江，想不到我為你寫的文章竟然如此，我覺得如同失去心中最珍視的感情一樣痛苦而不能酣暢的哭喊。

雲南

烤餌塊

「餌塊」是雲南特有的食品，第一次見這個稱呼的人呢，可能比較難以想像這種食品到底是什麼東西。《說文解字》的解釋：「餌，粉餅也」，「餌之言堅若玉珥也」。唐代的顏師古也曾經解釋過：「溲米麵蒸之則為餌」，這個溲，指的是浸泡。

其實雲南餅子形狀的食品，絕大部分是叫做「粑粑」的。幾乎不分具體用料，可以是麵粉做的，可以是米粉做的，可以是玉米粉做的，可以是蕎麥麵做的，也可以是青稞麵做的等等，但是唯獨不把同樣是餅子形狀的

餌塊叫粑粑，那是因為粑粑和餌塊有著本質的區別。

這個區別就是，「餌塊」專門稱謂用米飯春製而成的食物。製作餌塊，先把稻米洗淨，浸泡幾個小時，然後上籠蒸到七八成熟，之後就像春糍粑一樣，把米飯搗碎砸黏，然後做成大塊，可以是長方形也可以是圓形，常見的是圓餅狀。老昆明人認為，餌塊要想做得好，要用老寶象河的水浸泡，可惜現在，內城河水皆被汙染，能沒有異味已算不錯。

雲南人的日常生活離不開餌塊，一般早餐很多是烤餌塊的。找個舊搪瓷臉盆，下面是炭火，上面加個鐵絲網，把圓餅形的餌塊放在上面翻烤，差不多的時候，動作很快地塗上辣醬、肉末醬，撒上醃菜末、焯好的豆芽、炒過的碎花生，然後對折一根老油條，用餌塊裹成襁褓卷，就可以吃了。看我說了這麼多配料，你覺得烤餌塊能不好吃嗎？

餌塊也可以炒著吃，在騰沖，炒

餌塊在歷史上曾經救過南明皇帝一命，故而也稱「大救駕」。

雲南

涼雞米線

在大理，每隔一段時間我都會去吃一碗涼雞米線。古城裡的涼雞米線，最有名的是一家叫做「再回首」的館子。

涼雞米線也是大理美食的當家花旦。如果說砂鍋魚內容豐富、滋味濃厚彷彿梅派般的華麗；那麼生皮絕對需要勇氣和熱愛才能享用，如同倒嗓的程硯秋創造了若斷若續、特色鮮明的唱腔；而乳扇那誇張的乳香、配合著豆沙的甜美，好像尚小雲的身段柔美中帶著剛勁的骨。涼雞米線呢？涼雞米線是懷春的少女，活潑嬌俏的

荀慧生。

涼雞米線絕對是雞肉和米線的一場生死的纏綿，涼雞和米線構成了這道美味的主體。涼雞一定要用本地土雞，如果用了養雞場吃飼料的雞，其結果就像把京劇改為搖滾樂那般可悲。土雞一定要用泉水冷水煮開，肉質才不會緊縮，味道也才好。煮的時候要加草果、生薑，煮至八成熟時再加鹽、胡椒，至雞肉離骨時撈出冷卻，然後手撕成雞肉絲，如果用刀切，刀工再好味道都不對。然後整治米線。米線是將當地產上等粳米淘洗乾淨，磨粉過篩製成漿，用漏勺注入沸騰的滾水鍋中，待漂浮時撈出即成米線。現在的米線一般都是半成品了，買回來開水鍋中一煮即可。

涼雞米線妙就妙在調味汁的味道上。將米線置入碗內，加入鹽、醬油、味精、蒜汁、花椒油、辣椒油等。再回首的涼雞米線為什麼味道好？會加上他們家特製的滷汁，通常是用煮雞的清湯，調上少量的澱粉和漾濞核桃醬做成的，這可是祕密啊，一般人我不告訴他。然後還要放燙熟的綠豆芽、韭菜，及煎過舂碎的核桃仁或花生仁等，最後把適量的涼雞絲蓋在上面，如此一番畫龍點睛後涼雞米線就產生了。做好的涼雞米線，米線瑩白而有彈性，彷彿蒼山純潔的白雪；雞絲嫩黃，就像三月份崇聖寺外盛開的成片金黃的油菜花；韭菜濃綠，碎花生焦香，調味汁紅潤，如同夏初花甸壩上鋪滿野花的綠草地。僅僅是這豐富的色彩就誘人食欲。趕緊端起碗來吃一口，嗯，甜酸回味，香氣撲鼻，胃裡舒爽。

在蒼山洱海間，雲南明媚的陽光裡，細細地品一碗涼雞米線，我想，比在上海外灘金茂那88層的餐廳裡吃一頓法式大餐應該毫不遜色。也許，更確切地說，涼雞米線那種雞肉和米線的纏綿，會比十里洋場的一夜應酬來得更真實些吧？

雲南

麻補

「麻補」是納西語，指的是一種他們非常喜歡的民族傳統小吃，實際就是糯米血腸。

在麗江，你經常可以看到泛著暗光的石板路旁，潺潺流水的河道附近，有著售賣麻補的小攤。支一口平底鍋，裡面放上少許的油，一片一片紫紅色的像香腸但是又在暗紅裡帶著密密麻麻小點的白，慢慢煎熟了，變成黑紅色，透出誘人的香氣。

麻補的做法其實不是很複雜，把蒸到半熟的稻米或糯米趁熱拌上鮮豬血或者蛋清以及薑末、五香粉、食鹽、草果粉等各種香料，緊緊灌入洗乾淨的豬大腸內封好口蒸熟即成。因製作的方法不同，用鮮血的叫黑麻補，用蛋清的叫白麻補。食用時切成圓片，或用油煎炸，或用甑蒸熱。以前納西人每年冬季殺年豬，幾乎家家戶戶都要做一些麻補招待親友。如果家人在外學習或工作，還要想方設法請人將自家製的麻補捎去。

我們常說，一方水土養一方人。在雲南，因為高原環境對人體的影響，需要大量的能量來滋養人體，才能減少高原對於氣血的消耗。普遍來說，納西人飲食結構的葷食和油脂較多。但是這樣的飲食結構，又容易帶來很多其他對身體的負面影響，而糯米因為耐消化，在提供能量方面非常出色，而豬血號稱「養血之玉」，所以，麻補尤其是黑麻補是非常適合麗江人的科學食品。在麗江除了黑麻補，人們還十分喜歡吃豬血燉豆腐，也是出於同樣的原因吧。

米糕

　　唐明皇和楊貴妃，大概是中國知名度最高的情侶。然而和專一無關，否則也不會有京劇裡《貴妃醉酒》那段千古絕唱：「一片冰輪離海島，海上明月初轉騰。」月下美人醉，非是酒烈，而是良人不在。這個時候的李隆基，十有八九在虢國夫人那裡偷歡。虢國夫人對自己的美貌很有信心，經常不化妝就面聖了，真正的「素面朝天」。再看楊玉環，美則美矣，過得就不這麼灑脫，夏天天熱，楊貴妃取香紗拭汗，典籍載，胭脂染紅了絲帕。可見，唐明皇大概也是喜歡自然一派的，所以虢國夫人在這方

雲南

面稍勝一籌。當然，楊貴妃的化妝還是很高明的，再不抵，比起慈禧太后，和臣子說話時臉上的白粉簌簌而掉，那還是不可同日而語的。

我二十出頭的時候，在飲食方面是喜歡「楊貴妃」的。那些鮑魚，坐著飛機從南非跑過來，又蒸又燒又煮，弄得外面油潤、裡面膠黏，所謂溏心大鮑，非如此可能對不起那些機票錢，而據說營養也是上佳的，那時候也有條件，我就笑納了。現在而立了，雖然立得不好，在飲食方面倒真是有自己的見解和看法了 —— 還是自然真味的好。再高明的烹飪手段也是為了體現食材本身的味道、質感和特點，非如此，必為譁眾取寵也。

在雲南，是很能發現一些素面朝天的小吃的，比如米糕。

米糕通常有兩種，一種是紫米粉的，一種是稻米粉的，米粉通常在磨的時候已經加了薄荷或者橙皮汁，所以味道別有不同。我往往要兩種混一起的 —— 一半是紫米一半是白米。

只見攤主取出一個小木甑子，底兒是活的，就是圓柱木桶底部放一片有孔眼的鋼片，然後俐落地用木勺把米粉撒進去，最上層再撒一層炒好的黃豆粉、白芝麻、碎花生、紅糖粉，然後把下半部分插到開了大小一致的圓孔的蒸汽鍋上蒸，再取另一個小甑子如法炮製，只是不再撒麵上的豆粉等料，純粹的米粉而已，然後也放在蒸鍋上，這時把先前的小甑子對好了翻扣在這個甑子上面，用筷子一推底部的鋼片，就把這半兒米糕蓋在下層米糕上，中間是已經變得黃亮的糖餡。略停一下，下層米糕也便蒸好了。整個過程不過一兩分鐘，而我往往在旁邊欣賞攤主的手藝和聞著米粉散發的自然的香氣，覺得時間過得好快。

泡魯達

蒸好的米糕，冒著白汽，在你跟前縈繞出米粉特有的香氣，是那種真實的、親切的味道，簡單而貼心。輕輕一咬，粉潤酥軟，甜香綿滑，真是好吃得不得了。

米涼蝦：雲南的一種小吃，把米碾碎後和成米糊，用漏斗漏入鍋中煮熟做成的一種形狀似小蝦米的食物。

泡魯達實際上最早是緬甸和泰國的一種甜品，後來才傳入雲南的瑞麗、芒市、騰沖、景洪等地，結果被傣族人民加以改良，迅速成為雲南的

雲南

著名小吃。

　　泡魯達實際是很多零食和主食的混合物，不清楚為什麼就是好吃，這似乎從某個角度在說明，融合的文化最有生命力，能創造出無限的奇蹟。做泡魯達，先要煮西米。湯鍋中加入水燒開，放入西米後轉成中小火，要勤用勺子攪拌，否則西米容易散開並且巴在鍋底上。等到西米膨脹，已經變成透明的珍珠般大小，只有中間偶爾可以看見一個小點的白心的時候，西米就煮好了。把西米撈出浸泡在涼水中備用。然後煮牛奶，煮的時候要加入白糖，白糖徹底溶解就可以了，不需要煮開，然後將牛奶晾涼。如果是使用椰奶的，不需要加熱，直接使用就可以，也不要放糖，椰奶已經很甜了。這時候就可以混合創造了。取一隻杯子或玻璃碗，放入西米、冰塊，然後倒入牛奶、煉乳攪拌均勻，把乾的白吐司麵包切成小塊浸泡其中，然後放入米涼蝦、果凍、薏仁米、水果丁等等，最後用小刨子刨出椰絲撒在上面就可以了。

　　泡魯達特別適合在天氣熱的時候吃，雖然是甜品，但是一點也不會膩，冰爽之中帶著奶香、椰香，尤其是麵包乾吸滿了甜蜜的汁水，吃起來格外香甜。再加上西米的彈滑，再炎熱的天氣，喝一碗泡魯達，都會迅速地把你調整到最佳狀態。這個時候，如果你加入潑水節大戰，估計一定會勇者無敵。

蕎糕

蕎麵是中國的特產,是蕎麥的種子磨成的粉。大約在唐朝的時候,經由朝鮮傳到日本,後來日本蕎麥麵也成為日本名吃之一。蕎麥什麼時候傳到西方我不得而知,不過我小的時候看過一本《義大利童話》,裡面有個故事叫做《耶穌和聖彼得在弗留利》,說到了因為聖彼得的祈禱,世界上產生了第一批蕎麥。作為中國人,我當然是不能同意這種說法的。

蕎麥大體上可以分為兩種,一種是韃靼蕎麥,通俗來說叫做苦蕎,因為味道比較苦;還有一種是普通蕎麥,通俗來說叫做甜蕎,因為沒有苦味。日本大部分用的是甜蕎,但是甜蕎的綜合營養水平低於苦蕎,尤其是在保護心血管的方面。中國大部分的蕎麵產區,苦蕎和甜蕎都有,北方相對來說苦蕎多一些。而雲南,海拔相對較高的地區,比如海拔 1500 米以上的,苦蕎種植的多一些,而低海拔地區,大多是甜蕎。

雲南既然是蕎麥產區之一,故而利用蕎麥做了很多種食品,常見的是蕎糕和蕎餅。蕎糕做起來比較簡單,將土鹼放鍋中加水煮化,蕎麵、麵粉兩摻加土鹼水、白糖、豬油繼續攪拌成糊狀。蒸鍋底上鋪粗紗布,將蕎麵糊倒入,上火蒸熟。熟後將芝麻撒在表面上,晾涼後切成塊即成。做蕎餅稍微複雜些,因為有餡,所以要包製。皮的做法還是類似的,只是還要加一點泡打粉。餡一般都是豆沙餡,包好了烤熟即可。

做好的蕎糕或者蕎餅,色澤深黃帶紅,吃起來有略微的粗糧味道,如

雲南

果是苦蕎做的，還有微微的苦。不過，會很快轉成一股清涼，質感鬆散，而且吃下去好像沒有什麼負擔，尤其是做下午茶的時候，我的「罪惡感」會減到很小。

肉醬米粉

雲南的米粉，「冒子」很多，在拌的米粉裡，肉醬米粉是很受歡迎的。關鍵是炒肉醬。準備三分肥七分瘦的肉末，用蔥花、薑末、蒜茸熗好鍋，下入肉末翻炒，一邊炒一邊加入昭通豆醬、巍山辣醬、花椒粉、大料水、肉蔻粉等等，直到湯汁即將收乾，帶著一層油，肉餡焦黃但是油汪汪的感覺，肉醬就做好了。

米粉都是提前煮好。不能煮到全熟，盛出來晾涼或浸在涼水裡，等到來客人了，再拿出來在開水裡燙一下，然後盛到碗裡，先舀上肉醬，然後放上煮過的韭菜段、豆芽，拌好了

就可以吃了。

在臨近雲南的外國，越南的米粉也是出名的。甚至很多人去了越南，覺得越南米粉光滑柔韌，比雲南的米線嫩軟、比廣東的米粉潔白、比西北的米粉輕薄，是最好的米粉。我自己試過，覺得並非如此。越南的米粉吃法多數是燙，如同清湯火鍋般，然後再撒上佐料，味道十分清淡。而很少有拌的米線，即使有基本是涼拌，加上青檸檬、魚露什麼的，應該不是我們喜歡的味道。

中國的小吃味道往往是濃郁的，哪怕做大菜的時候很清淡，做小吃卻一定很濃重。為什麼？中國人從心裡希望善待別人，尤其是當做小吃時，覺得上不了檯面，反而格外用心，多加很多調料，要把自己不能請你吃大餐的內疚化成香噴噴的味道。

同樣，一碗肉醬米線，傳承的不僅是香辣的味道，更重要的是，裡面是質樸的、熱乎乎的心意。

雲南

乳扇

在大理州有一個地方，滿足所有人對美好的遐想：微風拂動著山坡上成片的野花，天色純淨幽藍，白雲朵朵，白色的海菜花在茈碧湖裡盛開，成群的牛羊在安靜的吃草……這安靜美好的地方就是洱源縣，顧名思義，是美麗洱海的源頭。在洱源的鄧川壩子，盛產奶牛，因此也就有了白族獨特的地方食品——乳扇。

我對一切乳製品都有良好的感情——哪怕別人認為是酸臭的瑞士奶酪，還有酸倒牙的內蒙奶豆腐。所以，我可以說對乳扇是一見鍾情。

乳扇的製作工藝巧妙，有著白族特有的浪漫和纏綿。我想一般人不會把酸性食品和牛奶放在一起，認為會使奶質變壞。而至於把牛奶的形狀和狀態加以改變，無論中外古今，也都沒有勇氣把牛奶做成扇面形狀，盛名如瑞士奶酪，是略有氣孔的一坨；內蒙古奶豆腐是易碎的方塊；現代化生產的奶片是彷彿電蚊香片的壓製品。只有乳扇，一種令人費解卻充滿風情的食品。

大理人喜食酸辣，可是這酸倒不是僅僅侷限於醋，醃菜、木瓜、梅子都是大理人喜歡的食材。這三樣食材在大理美食裡發揮了不可缺少的作用。大理名菜老奶洋芋、木瓜雞、木瓜魚、燉梅裡都有它們的身影。最奇妙的，酸木瓜還可以做成酸漿用來點乳扇。

製作乳扇大體上是把酸水入鍋加熱，再把鮮奶舀入鍋中，用竹筷輕輕朝一個方向徐徐攪動，牛奶遇到酸水，便開始一場生死纏綿，逐漸形成「將咱兩個一齊打破，用水調和；

再捏一個你，再塑一個我。我泥中有
你，你泥中有我，我與你生同一個
衾，死同一個槨」的「你儂我儂」狀
態，凝結成絲絮狀的固態物，把這些
固態物撈出來，略加揉捏，用木棒將
其擀成厚紙頁樣的薄片，再把兩邊拉
出角，呈斜長扇形，鋪在竹架上晾乾
即成。做好的乳扇顏色乳黃，油潤光
亮，有濃郁的奶香味，一般十斤鮮奶
才可以製成一斤乳扇，恰好可以詮釋
「濃縮的都是精華」。

　　乳扇有多種吃法，可以撕成小條
生吃，最常見的還是烤和炸。把乳扇
切成條，放在炭火上慢慢烤，乳扇受
熱會膨脹，用竹籤壓住一頭邊烤邊
捲，烤好後蘸上玫瑰醬，花香和奶香
融合在一起，才真的是配得上大理美
景的食物；也可以把乳扇炸得發開，
抹上豆沙蘸著白糖吃，名為「夾沙
乳扇」。

雲南

薩達魯

傣族的撒撇有牛肉做的,也有魚肉做的,其實還有豬肉做的,不過豬肉做的撒撇額外有自己的名字,叫做「薩達魯」。薩達魯也是我很愛吃的另外一種生食,是用生豬肉做的。

說到生豬肉,雲南大理還有一種鼎鼎有名的美食是「生皮」。我的朋友們一聽:什麼?生豬皮?不吃不吃。實際上大理是火燒豬,就是豬殺好了,要架在火上烤,把豬皮表面的豬毛燎乾淨,說是生的,其實有六七分熟。這樣的豬皮表面金黃,吃起來嫩而帶著綿爽,蘸著辣椒水吃格外過

癮。不過我們都找熟悉的店家，一是豬肉放心，二是政府也會定期的檢疫這些生皮樣品是否安全。

要說到真的是生豬肉的，是薩達魯啊。薩達魯的做法是用豬的脊肉剁成泥，加上傣族特有的香料還有熬好的醃菜酸水做成蘸水，可是吃的不再是米線，而是小塊的燒豬皮、切成絲的生木瓜、蓮花白菜、青筍和胡蘿蔔等，味道酸甜清脆，口感極佳，而且清涼解火。

我們漢族的祕境是昆侖瑤池，納西族嚮往的是玉龍第三國。和各個民族一樣，傣族也有著自己的「祕境」。他們把這個神奇的地方就叫做「勐巴拉娜西」。每一個要去勐巴拉娜西的人都是勇敢而堅毅的，要接受重重考驗。我們在傣族區域旅行的時候，聽到似有似無的葫蘆絲的聲音，偶然看見天上飛過成群的綠孔雀，看見成群結隊的「小卜哨」（傣族姑娘）從緊貼河面的竹橋走過，你會不會突然恍如自己在這祕境一樣？別說其他的，先接受一下薩達魯的挑戰吧。

撒撇

我第一次吃到撒撇是在雲南騰沖。騰沖的民族不少，有傣族、傈僳

221

雲南

族、回族、白族等等。以前一說到傣族，我腦子裡就會想起穿著筒裙的傣族小姑娘在鳳尾竹下笑嘻嘻的走過。後來我才知道，傣族也有分支，生活在山地上的傣族俗稱「旱傣」，在西雙版納熱帶雨林生活的傣族俗稱「水傣」，而繫著花腰帶、頭戴翻翹小斗笠的是花腰傣。旱傣的名菜是撒撇。真正的撒撇是很不容易吃到的。為什麼？為了做這一道菜，要殺一頭牛。通常都是村寨裡的貴客到了，好客的傣家人會專門做這一道菜。撒撇用的主料是牛腸子裡的苦腸汁，也就是牛吃了百草以後消化在腸子裡還沒有來得及吸收的百草精華。把這黑色的苦腸汁用傣家特有的香料香柳、野茴香等拌好再加上一些青檸檬汁，蘸水就做好了。另外切一些精黃牛肉，做成肉泥，配上黃牛肚和牛脾臟，放在煮好的涼米線上。吃的時候用肉和米線蘸了腸汁一起食用，也可以把腸汁倒進去拌和食用。牛撒撇不僅味道獨特，清香苦爽，而且還可以清熱解毒。其實我們在傣地說「撒撇」一般都是指牛撒撇，傣家人也吃生魚做的魚撒撇，但是通常都叫做「把撒」。

撒撇的牛苦腸水，很多人一下子接受不了。其實這類似於中藥裡的百草霜。百草霜是我們燒稻草做飯黏附在鍋底的草灰，不但具有豐富的百草營養成分，而且有清熱解毒和健脾開胃的功效。苦腸水比百草霜的功效還要好，因為它沒有經過煅燒。剛開始吃苦腸水覺得有點微苦，再食回味悠甜，加上清涼的香柳、酸爽的檸檬，撒撇便成了一道口味極佳的藥膳食譜。胃熱上火，風火牙痛，體內各種炎症，吃上一兩次撒撇，就基本可以好了。你看，撒撇是真正的藥食同源啊。

豌豆粉

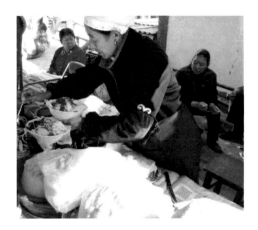

在大理，可以在路邊的小攤子上，看到大塊的豌豆粉，黃嫩嫩的，帶著豌豆特有的豆香氣，行人可以很隨便地坐在小板凳上，要一份，看著那豌豆粉被切成小塊，在小碗裡拌上調味汁，然後埋著頭，很痛快地把它吃完，一抹嘴，意猶未盡的感覺。

豌豆粉是將乾豌豆淘洗乾淨，曬乾，磨成豆瓣，除去皮，再磨成粉，過籮篩，篩出細面入盆，兌入清水攪成漿，還要加上少許鹽巴。然後把粉漿上鍋熬製成稠漿，成為稀豆粉，盛

入瓦盆冷卻凝固後，翻扣在木板上，蓋上溼紗布，就成為一大坨人人喜愛的豌豆粉了。做好的豌豆粉狀若凝脂，色如黃玉，還有如同豌豆薄餅的豌豆鍋巴皮，一看就誘人食欲。

尤其是你等待拌豌豆粉的過程，實際上是一個充分醞釀巴普洛夫高級神經反應副產品（唾液）的過程。豌豆粉的攤子一般都是小平板推車，一邊是放了幾大坨豌豆粉或者捲粉，一邊便是不同的調料罐子，後面是碗筷和老媽媽攤主的一些工具。車前還要放置兩三條板凳，供客人坐了細細品嚐。那些調料是白醋、薑水、蒜水、碎花生、芝麻油、花椒油、鹽、胡椒麵、紅辣子油，還有切得細細的白蘿蔔絲和綠瑩瑩的韭菜段。老媽媽一邊熟練地將豌豆粉切成薄條入碗，一邊嘴裡說著好聽的大理話：「鹹點？甜點？辣椒葛（可）要？」然後左手托著兩個碗，右手快速地在各種調料之間運動著，只見小勺忽上忽下，忽左忽右地一番飛舞，隨著客人的回應，

雲南

一眨眼的功夫調料就全部加完了，一大碗香噴噴、讓你流口水的豌豆粉就盛裝出現在你的面前。

怎麼樣？你是不是也有了要吃一碗豌豆粉的欲望？

鮮花餅

雲南是花的世界，尤其是鮮花。在雲南昆明機場，你隨時可以看見手持大束鮮花的返程遊客，還有的人會購買幾箱的鮮花打包成行李運走。為什麼這麼多人在雲南購買鮮花？真的是便宜啊。雲南的鮮花很特殊，是稱斤賣的。一斤玫瑰花，大概有三十幾枝，通常四十塊錢（人民幣）左右，而有的大城市，一枝玫瑰少則七八塊，多則二十幾塊。在雲南買鮮花當然是占大便宜的好事。

鮮花在雲南，當然裝點了生活。在麗江，你會經常看見陶罐子裡插滿盛開的香草蘭；在西雙版納，你也可

以在茶園裡經常看到寄生的豔麗的熱帶蘭；在大理，你行進在蒼山上，會突然聞到陣陣幽香，大理的蓮瓣蘭正在悄悄盛放；就算在我們社區，緬桂花、四季桂、石榴花、絲蘭、紫荊都會在不同的季節裡爭奇鬥豔。但是，最主要的，雲南人還愛吃花。

雲南人常吃的鮮花有：金雀花、玫瑰花，都可以炒雞蛋；海菜花、杜鵑花，可以煮湯；蘭花，可以燒肉。說到鮮花餅，是一年四季都可以見到的小吃。鮮花餅的主要配料是玫瑰花，但是一般也會摻雜玉蘭花，以增加香氣的層次。玫瑰花一定要早上九點以前採摘，這時的花剛剛綻放，而又沒有完全打開，香氣最為濃郁沒有散失。花瓣和冰糖、白糖、芝麻、花生、核桃仁、棗泥、豬油製成餡心，包在油酥皮裡，製成像是老婆餅那樣的餅，但是咬一口，花香十分濃郁，彷彿身在花園之中。

雲南鮮花餅，運作最成功的品牌是「嘉華」，味道也很不錯。但是我個人最喜歡的是大理糕點廠的，花香十分純正，可惜產量很少，彷彿每年也只賣幾個月。

雲南

香竹飯

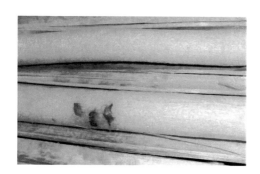

竹子在世界上大約有 500 多種，中國有 200 多種。中國人十分喜歡竹子，賦予了竹子很多其他國家的人們無法理解的象徵意義。我近日在北京，到扇莊裡看扇骨，我喜歡的湘妃竹的扇骨和玉竹的扇骨，動輒成千上萬，我囊中羞澀，不由搖頭嘆息。

回來之後，頗有想做點什麼焚琴煮鶴之類的事情以洩私憤的欲望。突然就想起了香竹飯，也就是大家在北方常見的竹筒飯。

真正的竹筒飯必須使用香竹。香竹是竹子的一種，也叫甜竹，主要產自雲南西雙版納。這種竹子的香氣非常濃郁，竹子的汁液也帶有天然的香氣，竹竿也不會太粗，一般直徑也就二三公分。香竹的竹筒很幼嫩，直接吃有很甜的味道。

每年 11 月至次年 2 月間，是西雙版納香竹成材的季節，也是吃香竹飯的最好時節。香竹飯傣語稱「埋毫拉」，意為用竹子煮飯。做香竹飯時，先將香竹截成段，每段保留一個竹節做筒底，然後把用清水泡透的稻米裝入竹筒內，不能壓得太實，因為米會膨脹。然後用芭蕉葉塞住筒口放炭火中悶烤，待竹子表皮發乾，有的地方已經焦黑的時候，濃香的香竹飯味也已經從竹筒中飄出，就說明香竹飯熟了。把竹筒從火灰裡取出，再用木棒敲打竹筒，這樣米飯就能變得鬆軟又不與筒壁黏連。最後用刀將竹筒剖開，便露出呈圓筒狀的米飯，表面還黏有乳白色的竹膜，米香和竹香混合，香氣四溢。即使是我這種有點輕微潔癖的人，也顧不得洗手，直接抓起來就送進嘴裡，覺得這才是最自然的味道，最好的味道。

宜良烤鴨

雲南也有烤鴨，最出名的大概是宜良烤鴨。我吃過宜良靠近七彩雲南商城的一家老字號烤鴨，確實為之驚豔。後來雲南省各大城市基本上都有宜良烤鴨，於是就變成了雲南烤鴨，起碼，我常住的大理基本如此。

據我們家美食家我老爹說，如果在下關，是泰興市場的水笑魚那家做的烤鴨最好。我不敢肯定，因為下關多的烤鴨牌子是「達繼蓮」。而我自己，最喜歡吃大理古城博愛路上一家「廖氏烤鴨」，除了味道好之外，起碼最近 5 年價格沒有變過 —— 18 元（人民幣）一隻。

雲南烤鴨相對於北京烤鴨便宜不少，因為個頭也小。雲南烤鴨是用雲南麻鴨，生長比較慢，但是肉質很緊實，脂肪含量少，另外鴨騷線的味道也很小。一般烤鴨用的麻鴨體重在一斤到一斤二兩之間，所以這也決定了傳統的雲南烤鴨吃法是連骨剁開蘸醬料或者椒鹽粉吃，類似於四川的樟茶鴨，而不是像北京烤鴨那樣片著吃。最近新新人類們也片著吃雲南烤鴨，真是不懂生活，雲南烤鴨因為體型小骨頭都酥脆帶香，就吃點皮子，豈不浪費，暴殄天物也。

雲南烤鴨和北京烤鴨還有不同，一方水土養一方人，自然有一方水土的本土特色。雲南烤鴨是要先醃製，然後才烤的，因而味道更濃郁。做法我覺得還是次要的，最主要的是北京烤鴨皮上刷麥芽糖漿，我們叫「糖色」；而傳統的雲南烤鴨皮上都刷雲南蜂蜜水，大山裡的野蜂蜜最好也……還有北京烤鴨講究用果木 —— 蘋果木、棗木……烤好的鴨

雲南

子天然有果木香味，而雲南烤鴨講究用松毛烤，所以松脂的香味和藥用效果都能在一隻小小的烤鴨上體現。

說了半天烤，咱們說味道。烤好的雲南烤鴨，皮色棕紅，「身材健美」，剁開後直接吃，不膩不柴，沒有鴨騷味，而且很適合下酒；如果蘸醬或者椒鹽，調味料和鴨肉本身的香相得益彰，並不互相干擾，配飯甚是快意，而我尤其喜歡配鹹的破酥粑粑，滿嘴油香，而又不擔心上火，要知道，麻鴨是很好的涼性食物。

最後，補充說明一句，雲南烤鴨是燜爐烤鴨也。

紫蘇梅餅

大理，是個可以慢下來去發現的城市。美好的地方，總有很多美食。這些地方，越是小吃越能體現風土人情以及滄海桑田變換中的溫情。大理也不例外。大理多的是乳扇、話梅、核桃餅……也有涼雞米線、木瓜雞、酸辣魚……，名單沒有結束，因為你永遠會有新發現。

不太常見的是紫蘇梅餅。我第一次見到的時候，直接被吸引的是它美麗的外表。紫蘇梅餅是一塊紫色的亮麗瑩潤的東西，神祕、誘人、夢幻，抑或帶著一絲曖昧。我買了一

塊，我老婆看見了說：「哦，這個東西，我們白族叫冰梅餅，你看⋯⋯」她還沒吃，只是一捏，接著說：「這個要曬乾，這塊還太溼，看你是外地人⋯⋯」我無懼各種打擊嘲諷，狠狠地咬了一口，我的天哪，口腔中先是紫蘇的涼，然後是猛烈的酸，接著還有鹹，然後還有另外一種酸，過了很久，喉嚨中一絲絲的甜。

在我恢復正常之後，老婆檢視了一下冰梅餅的「屍體」，說：「嗯，紫蘇葉子還挺新鮮，裡面包著有酸梅子末，還有酸木瓜末，加了鹽打成醬，看起來還很好吃」，說著咬了一口，很享受的樣子。別說，她這個樣子，倒是讓我想起了我的一位日本老師。我們一起吃飯的時候，他總會拿出一個小盒子，裡面是從日本帶來的醃梅子，吃一點，送一口米飯，也是很享受的樣子。我望梅止渴，口腔裡面巴普洛夫高級神經反應比較劇烈，於是老師給我，讓我也吃。我興奮地吃了一個，立刻很有禮貌地、非常文雅地

堅決拒絕再吃第二個。想起中國古代很早就利用梅子作為調味，晚唐文學評論大家司空圖曾說：「梅止於酸，鹽止於鹹，飲食不可無鹽梅，而其美常在鹹酸之外」。也許，日本梅送飯、大理紫蘇梅餅皆為中國古代食風子遺。我之所以叫紫蘇梅餅，是因為大理和新疆等地還有一種梅子食品稱為冰梅，整顆梅子醃漬為紫紅色，但不是紫蘇梅餅也。

雲南

浙江

浙江

乾炸響鈴

開飯館的，最願意和氣生財，最怕顧客找碴。這個故事發生在杭州，因為故事的主角是豆腐皮，而杭州人很愛吃湯豆腐皮。故事是這樣的：從前啊，杭州城裡有鄰近的倆飯館兒，一個館子生意好，豆腐皮有天賣斷貨了。生意不好的那家飯館糾結了一些地痞流氓，就是到這家飯館點豆腐皮吃，沒有就要砸館子。正拉扯間，有一客人出門騎馬絕塵而去，一轉眼馬鈴聲又再度響起，顧客手托一包豆腐皮給店家，讓他應付這些地痞流氓。事件平息了，飯館老闆感謝恩人，恩人說我豆腐皮還沒吃夠，你再給我做

份豆腐皮就行了。

中國人吃飯不僅僅講究飯菜本身，更在乎這裡面的人文精神。當然，這句話屬於我添加的旁白解說。接著說老闆。老闆一想，恩人真是快馬加鞭啊，馬鈴鐺響的那叫一個歡快。於是決定把豆腐皮做成馬鈴鐺形狀，那就不能煮了，只能炸了才能定型。也不能就給恩人吃豆腐皮啊，怎麼也得來點葷的。於是把豬里肌肉剁成茸，加上雞蛋、鹽、紹酒拌勻。然後把肉茸抹在豆腐皮上，裹成圓筒形，切成小段，入油鍋炸至金黃裝盤，再配上點蔥花什麼的做佐料。恩人一嚐，咬在嘴裡酥脆帶響，又像馬鈴鐺形狀，乾脆就叫「乾炸響鈴」。

千古名吃就這樣誕生了，我在杭州第一次吃的時候，覺得有烤鴨般的味道。不過讓我糾結的是，我怎麼也看不出來它是個鈴鐺的形狀。糾結了十幾年，後來去雲南看茶馬古道，看見真正的馬鈴鐺。原來不是教堂裡面的鈴鐺形，就是一圓柱形小鐵桶，裡面有根鐵棍而已。我才終於釋懷了。

泥螺

　　黃泥螺是寧波的特產，每年農曆三月出產一次，稱為「桃花泥螺」；農曆九月近中秋時也出產一次，稱為「桂花泥螺」，桃花泥螺的螺肉比較多，但是桂花泥螺卻更讓人回味。

　　泥螺也叫黃泥螺，產於海邊的潮間帶，當泥螺即將收穫時，挖泥螺的人們會手拿自己用鐵絲窩的小三角網，彎著腰，從潮間帶的一頭直走向另一頭，然後將淺淺的泥用海水涮去，剩下的就是一粒粒的泥螺。

　　泥螺拿回家後，最怕用自來水沖洗，自來水裡有氯氣，泥螺一沾到，

就會縮成一團，那些泥沙就沖不出來了。還是要用海水沖洗。通常都是將泥螺放進塑膠盆裡，再換幾遍水，不停用手攪拌成一個漩渦，泥螺就「暈車」了。一暈車，泥螺就肌肉鬆弛，泥沙就被甩了出來，然後等水流的漩渦停下來，泥沙也就沉底了。更重要的是，這樣也能洗掉黏液。直到水上沒有小的白色泡沫，那就說明黏液已經洗乾淨了。

　　這時不能急著下調料，要讓泥螺休息一會，這樣它們才會放鬆警惕，把小足從殼中伸出盡量露出螺肉，不會讓你以後吃真正的「閉門羹」，然後灑一些鹽水，濃度要比海水的大，放置一天後，泥螺就已經魂歸天外，這時可以加一些糟油和黃酒將泥螺封在陶罐裡，如果怕壞，最好加一些白砂糖，起到防腐作用，然後過八九天就醃好了。

浙江

醃好的泥螺，打開封口，一股鮮香撲鼻而來，罐口有一層薄薄的奶油一樣的東西。螺殼半透明，彷彿黃玉一般，然後最考驗人的時候就到了。雖然泥螺異香撲鼻，可是不會吃的人就會老虎吃刺蝟──無處下口，也有的人一口下去，螺肉和泥螺的沙包一起吃到嘴裡，苦不堪言。

我第一次吃泥螺其實是在 2000 年到浙江慈溪時，一方面遊歷山川，增加閱歷，另一方面也有看望親友的意思。可惜，家族搖落，父母沒有同行，能叫得出名字的鄰里已不多，更別說親戚，也已經零落無幾。當天在堂叔家吃飯時就有這麼一盤黃泥螺作為開胃菜。當我夾起一粒泥螺送入嘴裡時，大家一時靜下來都盯著我看，我將泥螺含在嘴裡，用舌頭一吸一轉，將螺肉吃入肚中，螺殼和沙囊吐在碟裡。堂叔先是鬆了一口氣，然後大笑著：「吃菜吃菜，一看還是這裡的人」，言下之意，會吃泥螺，就不算忘本。

片兒川

片兒川，是一種麵，而且是湯麵。我原來以為只有北方愛吃麵，後來發現江南的麵食也不少。不過江南和北方的區別在於，江南的基本是湯麵多，然後配澆頭。北方的麵基本是撈麵，另配調和。再後來，又發現不一定。去了甘肅，發現甘肅在大的意義上也屬於北方，可是甘肅拉麵帶湯。又去了上海，上海是南方吧，蔥油拌麵不帶湯。再後來，我就不管了，吃吧。

蘇州的麵種類那叫一個多，排骨麵、雪菜麵、叉燒麵、雞汁麵、羅漢素麵、奧灶麵……我最愛吃的是爆鱔麵。上有天堂下有蘇杭，除了蘇州還有杭州。杭州的麵種類也不少，最愛吃的是奎元館的片兒川。

片兒川是種湯麵，據說從陽春麵改良來的。陽春麵嘛，最簡單了，煮好麵條，加上湯，撒點鹽和蔥花就得，之所以陽春，多半是囊中羞澀而已。但我們從不揭人短處，一碗陽春麵，大家和氣生財。那怎麼又變成片兒川了呢？奎元館做得挺講究的。把筍片、肉片和雪菜末都先用滾水汆熟，這樣筍片更脆、肉片更嫩、雪菜更鮮，然後在燒熱鍋下豬油，把汆熟的原料爆炒一下，加上醬油和滾水。另把煮好的湯麵甩乾水，再和這些放在一起，煮個滾，就是片兒川了。一開始叫「片兒汆」，什麼時候流傳成了「片兒川」，那就不得而知了。

我吃片兒川，雖有雪菜味，還喜歡再另配一碟杭州醬蘿蔔一起吃。杭州醬蘿蔔是把白蘿蔔用鹽醃好了，切連刀花刀，蘿蔔一拉可以張開好像蘭

浙江

花，所以又叫蘭花蘿蔔。這還沒完，
要把蘭花蘿蔔再加上五香粉什麼的泡
在甜麵醬裡醃個十天半月醬蘿蔔才算
最終做好了。喝著片兒川，嘴裡味道
正濃郁，再吃口蘭花醬蘿蔔，脆脆的
帶著醬香，滿嘴清鮮，甭提多美了。

敲蝦餛飩

　　敲蝦，是浙江南部濱海一帶的做
法。就是把剛剛捕撈的鮮活的大蝦剝
成蝦仁，使用木棒或者其他東西使勁
地敲打，直至蝦肉糜爛，可以成為薄
片，即可以直接蒸煮或者也可以作為
包裹餡料的皮。這是利用了蝦肉裡面
的膠質比較豐富的原理。同樣的，現
在的年輕人愛去海底撈、澳門豆撈之
類的火鍋店，往往會點蝦滑，也是把
蝦肉剁碎，膠質出來，往鍋裡一氽
燙，便成為固體的蝦肉條。

　　浙江沿海一帶的漁民，喜歡把敲
蝦燙熟即吃，認為味道最為自然和

鮮美，這是他們依靠自然的便利條件。所以溫州有道名菜叫做「三片敲蝦」，是用冬筍片、香菇片、火腿片和敲蝦一起煮的，味道是鮮上加鮮。

這幾年生活好了，人們不再滿足單獨的吃敲蝦，敲蝦餛飩應運而生。實際上就是用敲蝦做皮，豬肉為餡包製的餛飩。把蝦去皮，去腸泥，剖成兩半，砧板上倒少許乾澱粉；把蝦的兩面拍上乾澱粉，就可以敲了。飯店裡當然有比較適手的工具，自己在家做其實也好辦，我自己是找了紅酒的空瓶子。外國生產的紅酒、香檳瓶體一般都很堅固，我曾經把一瓶「巴黎之花」從二樓掉下，居然毫髮無損。敲蝦要有耐心，用力均勻，慢慢就會敲成薄薄的蝦肉片。然後用肥瘦豬肉末加上蔥薑水、五香粉、雞湯等製成餡料，用敲蝦皮包成餛飩形即可。這時另起鍋，加上適量用蘑菇、豆芽熬製過濾後的清湯，湯中放入蔥節和薑片，還要加上陳年的紹酒煮開；然後下入餛飩，煮熟後下入青菜滾幾下，就可以出鍋啦。

其實不僅僅是浙江，福建也有類似的做法。不過不是敲蝦，是敲魚，做好的稱為「燕皮」，魚肉的是「魚燕」，也有用豬肉的，叫做「肉燕」。

舌尖上的中華鄉土小吃

說人、說吃、說做法，道盡小吃裡的大情意

作　　者：李韜

發 行 人：黃振庭

出 版 者：崧燁文化事業有限公司

發 行 者：崧燁文化事業有限公司

E-mail：sonbookservice@gmail.com

粉 絲 頁：https://www.facebook.com/
sonbookss/

網　　址：https://sonbook.net/

地　　址：台北市中正區重慶南路一段六十一號八
樓 815 室

Rm. 815, 8F., No.61, Sec. 1, Chongqing S. Rd.,
Zhongzheng Dist., Taipei City 100, Taiwan (R.O.C)

電　　話：(02)2370-3310

傳　　真：(02) 2388-1990

印　　刷：京峯彩色印刷有限公司（京峰數位）

國家圖書館出版品預行編目資料

舌尖上的中華鄉土小吃：說人、說吃、說做法，道盡小吃裡的大情意 / 李韜著 . -- 第一版 . -- 臺北市：崧燁文化事業有限公司 , 2021.12

面；　公分

POD 版

ISBN 978-986-516-954-1(平裝)

1. 小吃 2. 飲食風俗 3. 中國

538.782　110019386

定　　價：650 元

發行日期：2021 年 12 月第一版

◎本書以 POD 印製

電子書購買

臉書